U0836852

世界卫生组织

烟草税管理技术手册

世界卫生组织

郑榕　高松　编译
胡德伟　校

中国财政经济出版社

世界卫生组织 2010 年出版，WHO Technical Manual on Tobacco Tax Administration
增添了“序言”的再印版本，2011

世界卫生组织烟草税管理技术手册

1. 税收
2. 烟草工业——立法
3. 烟草——经济
4. 吸烟——预防与控制
I. 世界卫生组织

世界卫生组织编著

ISBN：978－7－5095－3338－3/F·2828

致　谢

本手册得到由世界肺健基金会（WORLD LUNG FOUNDATION）管理，由彭博慈善基金会（BLOOMBERG PHILANTHROPIES）出资的善款资助。

本手册的写作得到以下专业人士的协助：Frank Chaloupka，Aftab Anwar Baloch，Rajeev Cherukupalli，Rob Cunningham，Milwida M. Guevara，Rezaul Hasan，Peter Heller，胡德伟（Teh－wei Hu），Roberto Iglesias，Paul Isenman，Michael Keen，Emmanuel Kofi Nti，Konstantin Krasovsky，Djaka Kusmartata，Montserrat Meiro－Lorenzo，Patrick Petit，Neena Prasad，Emil Sunley，Joy Townsend，Frank Van Driessche，Hugh Waters，Joko Wiyono，吴京芳（Jingfang Wu）、徐昕（Xin Xu）以及郑榕（Rose Zheng）。

参与本手册写作的世界卫生组织的官员有：Douglas Bettcher（HQ），Sofia Delipalla（HQ），Anne－Marie Perucic（HQ），Ayda Yurekli（HQ），Dorjsuren Bayarsaikhan（WPR），Rosa Carolina Sandoval－Kroeger（AMR）。Jennifer Volonnino（HQ）提供了具体的行政协助。

序 言

长期以来的研究结果表明，提高烟草税是控制烟草使用最为经济有效的手段。现在尽管我们已经知道提高烟草的价格能够减少烟草流行所引起的疾病负担，但问题是，下一步应该怎么办？具体而言，我们应该怎样来提高烟草税？世界各国，尤其是对于那些低收入和中等收入的国家而言，更是迫切地寻求这方面的答案。因为这些国家一方面在税收政策管理方面的能力有限，另一方面，他们也非常担心提高烟草税会难以执行，并带来各种各样的负面影响，如非法贸易、扩大失业、减少政府财政收入，甚至是增加穷人的负担等问题。

许多证据表明，一个管理良好的烟草税制在减少烟草消费和减少吸烟引起的疾病方面能够达到理想的效果，并且不会像烟草行业所描述的那样，产生可怕的经济后果。

事实上，提高烟草税和烟草价格可以给政府带来更多的财政收入用于医保一类的公共支出。这种既能减少烟草消费，又能增加政府收入的双赢结果对于那些财政捉襟见肘、急于寻求新的财政收入以满足不断增长的刚性需求如医保方面支出的政府而言，显得尤为有吸引力。烟草税对政府来说是一种简单且有效的增收工具，同时又不至于对经济产生负面影响。

这本技术手册意图为读者，尤其是财政部的政策制定者提供一套能够有效推行的烟草税技术指导。这本手册介绍了烟草税的各种类型，分析了各个税种的优点和缺点，并总结了这些税种在征收管理中遇到的技术问题及政治障碍。最后，本手册还介绍了烟草税的最佳政策实践经验，这些经验能够在增加烟草税的征税力度的情况下，至少从中短期来看能够增加政府的财政收入，同时又能够最大化地促进公共卫生利益。

Dr Ala Alwan
非传染性疾病及精神健康部门副总干事

概　要

本手册旨在通过提供一套烟草税的最佳政策实践，帮助各国政府通过提高烟草税来提高政府的财政收入，并同时促进公共卫生健康。

各国政府都想通过征收烟草税来调控烟草的消费，筹集财政收入并促进公共健康。在所有对烟草制品征收的税收中属消费税最为重要，因为消费税专门针对包括烟草制品在内的少数商品征收，因而能够相应提高这类商品的相对价格。在消费税的征收中，既可采用从量税，也可采用从价税。单一税率的从量税可以较大程度地提高低价烟的价格并从而减少其市场占有量。除了从量税外，各国政府还可以根据其烟草产品市场的特点和结构，采用从价税的形式对烟草产品市场加以调控并筹集财政收入。不过从长期的效果来看，从量税会更为有效。

如果提高烟草税使得烟草制品中的税占到其零售价格的70%，将能够极大地提高烟草产品的价格，从而促使很多吸烟者戒烟，防止青少年尝试吸烟，并在很大程度上减少因吸烟导致的疾病与死亡。同时还需要注意必须要对所有的烟草制品持续地征税才能防止潜在的消费替代。

烟草消费税之所以呈现出多样性，是因为各国政府希望通过烟草税达到的目标和面临的困难都各有不同。仅有一个设计良好的烟草税制还不够，还需要在税收征管上有相应的征管技术和人力资源来有效地进行征收管理，并且需要根据情况对税制进行相应调整。简单透明的税法和税务管理制度有助于减少税务征管和税收遵从的成本，同时还可以减少纳税人避税和逃税的机会，从而能够长期有效地提高税收收入。

烟草消费者和生产商的避税行为使得政府通过烟草税筹集财政收入和控制烟草消费的努力大打折扣。税制的简化有助于减少纳税人避税的机会并监测税收收入的单位成本。逃税包括烟草非法贸易和非法生产，这其中既涉及正品的烟草产品，也涉及假冒烟草产品。如果一国的税收征管能力和走私稽查能力较弱，且惩处力度不够，提高烟草税可能会刺激走私。为此需要加强现代征管手段的应用，加强国际间的合作，加强税务征管及打击走私。

至于增加的税收是否主要由低收入人群来承担，则主要取决于低收入人群和高收入人群对提高烟草税在烟草消费方面的反应。对所有的烟草制品提高烟草税一般会减少低收入人群的烟草消费，并相应增加高收入人群所交的烟草税额。因此，提高烟草税从健康和福利的角度来看是累进的。此外，至少提高烟草税所增加的税收收入可以用作针对低收入人群的公共健康计划。

在很多国家，提高烟草税要么对就业没有多大影响，要么还很可能会稍微增加一些就业量。随着烟草税的提高，烟草行业就业量的下降会被其他产业就业量的提高所抵消。提高烟草税所增加的税收收入还可以用来培训从烟草行业退出的就业人口以及用来培训烟农，以帮助他们改种其他农作物。

在实施从量税时，还需要根据通胀水平和居民实际收入的增长情况适时调整，其中根据居民实际收入进行调整在中低收入国家尤为重要，因为有众多国家的经验表明，这些国家烟草消费随着收入的增长而增加。

在大多数国家，由于烟草制品的税收占其零售价格的比重较低，并且（或者）在计算价格指数时并不考虑烟草制品的价格，因此，一般来说，提高烟草税不会导致通货膨胀。

从中短期来看，提高烟草税将会增加财政收入，因为烟草税占其价格的一定比例，且大多数国家由于烟草价格的提高而导致的消费量的下降程度小于价格的增长程度。许多国家将增加的烟草消费税税收收入用于烟草控制和其他促进公共健康的项目，也有一些国家将增加的税收用于公共医疗卫生体系。

基于以上方面，本手册的最后一章讨论了烟草税的“最佳政策实践”，并向各国政府提供了政策建议。

目 录

第 1 章

导　论

“糖，酒和**烟草制品作为生活非必需品，同时又是在全球被广为消费的商品，而成为征税的理想对象**……与此同时，对这一类商品的征税还能在某种程度上减轻人们所承担的税负，如减轻对生活必需品的征税以及对生产资料的征税。从而使得穷苦的劳动人民能够生活得更好，并以较低的价格出卖劳动力，由此使得商品的价格更便宜。便宜的物价将增加人们对商品的需求量，并进而增加对劳动力的需求量。劳动力需求的增加将拉动劳动力供给的增加并由此改善劳动人民的生存条件。这样一来，他们的消费将增加，对他们所消费的一切物品所课税的收入，也将一并增加。”

亚当·斯密:《国富论》，第 5 篇第 3 章，第 474 –476 页，1776 年；1976 年 Edwin Canaan 编辑版本。

全球每年至少有500万人死于烟草消费引起的各种疾病，从而使得吸烟成为全球最大的可预防致死因素。烟草消费同时也带来巨大的经济损失，包括由吸烟所引起疾病的医疗负担及由吸烟所引致的潜在的死亡并进而导致生产率的下降。世界卫生组织的主要目标就是保护和促进公共健康，考虑到吸烟所致的疾病和死亡，控制烟草消费自然就成为世界卫生组织的一项首要工作任务。这方面的工作包括：有效地推动世界卫生组织《烟草控制框架公约》（WHO FCTC）在各国的实施进程，尤其是采用MPOWER中的各项措施在各国减少烟草的需求。具体包括：对烟草使用的监测和预防政策；保护人们远离二手烟的危害；提供戒烟帮助；警示烟草使用的危害性；禁止烟草广告、宣传和赞助；加强对烟草制品的征税。

在以上所有的干预政策中，大幅提高烟草制品的税收和价格被视为最有效的单项政策措施，这对于贫困人群和青少年尤其有效。与此同时，由于烟草制品的需求缺乏弹性，且大多数国家烟草制品税占最终价格的比重偏低，因此大幅提高烟草税将能给政府带来可观的财政收入。

本技术手册旨在帮助各国政府寻求“最佳”的烟草税政策。在整理各国现行的烟草税政策的基础上，讨论运用烟草税达到公共健康和财政收入目标的障碍，并提供有效烟草税政策管理的案例。本手册还试图让各国财政部的税收政策和管理部门了解到其他国家在这一领域的做法及遇到的挑战。同时，本手册也能帮助各国卫生部或相关机构的政策制定者和管理者更好地了解烟草税结构和烟草税管理中的主要问题。

政府的目标

全世界各国政府都采用了亚当·斯密所提出的建议，几乎所有的国家都对各种烟草制品征收不同种类、不同程度的税。很多税种已经存在了上百年，至少也已经征收了几十年了，期间在征收范围、结构和管理方面都经历了阶段性的调整。对烟草制品的征收包括：消费税（包括从量税和从价税）、关税、增值税、一般销售税或消费税以及用于各种特定项目的特定征收。[1]尽管对烟草制品征税的名称各国不一，但在征收形式上却有很多的共性。

在对烟草制品征收的所有税中，消费税是卫生政策效果最为显著的一个税种。因为增值税和一般消费税对所有商品和服务征收，而消费税只对烟草等特定的商品征收，从而能够提高烟草制品相对于其他商品和服务的价格。此外，是否能真正提高烟草制品的相对价格还取决于消费税的形式，只有当烟草制品的消费税税率超过其他商品的平均消费税税率时，才能保证烟草消费税的有效性。

各国政府征收烟草税以期望达到多重政策目标，这些目标在某些特定的时段也有可能是相互竞争性的。从历史上来看，大多数国家征收烟草税是为了获取财政收入。如今，许多国家通过提高烟草税率以达到增收的目的。烟草制品由于生产商较少，替代性较弱以及相对较低的需求弹性等特征，而被当作理想的征税对象，至少从短期来看是这样。正是由于这些特质，对烟草制品征税从对消费品征税的经济效益的角度来看，较好地满足了“拉姆齐守则”（Ramsey，1927），即由于烟草制品的需求弹性不强，因此相较于对其他较有弹性的商品和服务征税来说，对烟草制品征税能够在获取可观的财政收入的同时，对经济产生较少的市场扭曲。当然，除了烟草制品之外，也还能找到其他具有这类特点的商品，对这类商品征税也能产生同样的效果。

一些国家政府除了财政收入的目标之外，还通过征收不同类型的烟

1　（译者）我国的消费税就其实质和内涵上相当于西方国家的 excise tax（excise duty，中文也有译为特许权税），而非 consumption tax。consumption tax 并非一个特定的税种，而是对商品征收的税如 excise tax 、VAT 及 sales tax 等税种的统称。

草税追求其他的政策目标。有些国家通过设置很高的关税来保护国内的烟草种植和烟草工业，以减少外来竞争者的冲击。还有些国家通过烟草消费税的技术设计来实现其各种各样的政策目标，如有些国家根据烟草的来源或品种的不同而有区别地征税，或者是根据烟草制品的价格（通常进口品牌价格高于国产品牌）来区别征收，或者是根据其他一些烟草制品的特征设置烟草税的税制要素。

也有些国家甚至于采用所谓的“保护穷人”的烟草税政策，如对低端烟草制品征收较轻的税以保证这些低端产品/品牌以较低的市场零售价格供应给低收入烟民，而对高端产品/品牌则征收较高的税收。

在过去的半个世纪，人们对于烟草使用在健康危害方面的了解越来越深入，一些国家政府开始采用烟草税这一政策工具来控制烟草消费，减少由吸烟导致的死亡和疾病，以促进公共健康。已经有越来越多的研究结果表明，通过征收较高的烟草税并由此增加烟草制品的价格，确实能够起到减少烟草消费的作用，这对于一些敏感人群，如青少年，低收入人群以及怀孕妇女来说尤其有效。因此，许多国家政府在明确提出控制烟草消费的政策目标的前提下，已经开始征收烟草税或是增加了征收烟草税的税负程度（Chaloupka et al，2000；Ross and Chaloupka，2006）。

同样，随着对吸烟在健康危害方面认识的逐步深入，人们也愈发认识到烟草制品的市场失灵的客观存在以及政府采用包括烟草税在内进行政府政策干预的必要性（Jha and Chaloupka，2000）。已经有大量的研究能够证明暴露在烟雾环境中对于健康的危害性，因而吸烟的负外部性是显而易见的（USDHHS，2006）。由于公共卫生支出通常都来源于政府财政支出，因此，吸烟对于非吸烟人群的健康危害及由此所引起的疾病治疗费用和公共卫生支出都会增加。

很多人对于吸烟在健康方面的危害认识不足，因而许多国家在吸烟的健康危害方面确实存在信息不完整的市场失灵。由于越来越多的吸烟者是在非常年少的时候开始尝试吸烟，他们对吸烟的危害性知之甚少，并且一旦吸上就会上瘾，因而这种信息不充分所导致的市场失灵正变得越来越严重。很多烟民由于缺乏自控力而烟瘾越来越大，这也是一种市场失灵，要使这种外部性“内部化”，也必须要由政府采用各种手段对烟草市场进行干预（Gruber and Koszegi，2008）。尽管提高烟草税对控制烟草使用不一定非常奏效，但对于存在以上市场失灵的国家的青少年和穷人来说，提高烟草税对于减少这些人群的吸烟还是非常有效的。

有众多的证据表明，提高烟草制品的价格能够有效地控制烟草使用，因此提高烟草税成为 WHO《烟草控制框架公约》第 6 条（见附件表 1）的核心内容，以号召公约的所有成员国使用价格和税收手段来控制烟草使用。而公约的第 15 条（见附录表 2）则号召成员国在提税的同时也要采取措施消除烟草非法贸易，因为烟草非法贸易会直接影响提高烟草税的控烟有效性。

烟草税和烟草使用

关于烟草价格和烟草税对烟草使用影响方面的研究已经有很多[2]。直到最近为止，所有这方面的研究都是关于高收入国家的，如美国、加拿大、英国、澳大利亚以及其他一些发达国家。这些多年的研究都支持增加烟草税和烟草价格能够减少烟草使用的论点。由于在高收入国家的烟草制品主要是以卷烟为主，因此这些研究也主要是以卷烟为主。尽管各类研究关于价格对卷烟影响作用的大小差别不一，但是大多数的研究估计出的卷烟价格需求弹性都在 -0. 25 到 -0. 5 之间，其中绝大多数估计在 -0. 4 左右（这一数字意味着如果卷烟价格增长 10%，卷烟消费会下降 4%）。其中一些研究在模型中考虑了卷烟的致瘾性因素，发现卷烟需求对价格的反应从长期来看，要比短期更为敏感。

在过去的十年中，越来越多的研究以中低收入国家为对象研究价格和税收对烟草使用的影响。这些研究关于烟草的价格需求弹性的估计结果表现出很大的差异性，但大多数的研究显示中低收入国家的价格需求弹性比高收入国家要高。例如，Hu 和 Mao（2002）的研究估计显示，中国卷烟的价格需求弹性在 -0. 54 到 -0. 64 之间，而 John（2008）则估计印度的比迪烟（Bidis）的价格需求弹性在 -0. 86 到 -0. 92 之间，卷烟的价格需求弹性则在 -0. 18 到 -0. 41 之间。而对高收入国家和中低收入国家的研究都表明，如果考虑到吸烟的致瘾性，长期的价格需求弹性比短期更为明显。如 Aloui（2003）的研究显示摩洛哥卷烟的短期价格需求弹性在 -0. 51 到 -0. 73 之间，而长期的价格需求弹性则在 -1. 36 到 -1. 54 之间。

根据成人吸烟的个体调查数据的研究结果显示，价格和税收因素对于人们决定是否吸烟（吸烟流行率）以及吸烟的频率和数量（条件性需求）都有影响。一般来说，对高收入国家的研究表明，价格对吸烟的影响有一半是来自于对流行率的影响。由于只有极少数的吸烟者是在成年后才开始吸烟，因此价格对成年人吸烟的影响主要体现在戒烟上。一些

2 参见 Chaloupka et al.（2000）以及 Ross and Chaloupka（2006）关于这一问题的讨论。

研究结果也佐证了这一观点，这些研究发现，随着烟草价格的提高，有些吸烟者会开始尝试戒烟，其中一些人在努力了较长的一段时间后，能够成功地戒掉。

根据对中低收入国家调查数据的研究发现，烟草价格对吸烟流行率确实有影响，尽管价格对吸烟流行率和烟草消费量的影响程度在各个国家差别很大。例如，Adioetomo et al.（2005）关于印度尼西亚的研究发现，价格对印尼的吸烟流行率没有影响，但对吸烟者的吸烟量有影响，其估计的条件价格需求弹性为 -0.61。Kyaing（2003）基于缅甸的数据，估计缅甸烟草制品的总体价格需求弹性为 -1.62，其中吸烟流行率价格弹性为 -1.28，条件需求价格弹性为 -0.34 。

另外还有一些根据不同人群对烟草制品价格反应的调查数据的研究，这些调查中考虑了受访者的年龄、性别、收入、受教育程度、种族以及居住地（如城市或农村）等因素。这些研究发现，吸烟者性别、种族和居住地因素对烟草价格的反应在不同国家有差异性，但吸烟者年龄和社会经济（SES）状况（以其收入和受教育程度来衡量）这两个因素对烟草价格的反应在不同国家表现出一致性。有研究发现，青少年和年轻人对烟草税和烟草价格的敏感度是成年人的两三倍（Chaloupka，即将出版）。研究也发现较高的烟草税和烟草价格对青少年尤其有效，能够有助于防止他们开始尝试吸烟并上瘾。同样，正如经济学原理所揭示的，社会经济状况较差的人群比社会经济状况较好的人群对烟草价格的反应更为敏感。例如，Sayginsoy 等人（2002）的研究发现，保加利亚低、中和高收入人群对烟草的价格需求弹性分别为：-1.33，-1.00 和 -0.52（总的价格需求弹性为 -0.8）；同样，van Walbeek（2002）对南非的研究将人群按收入分为四组，其中最低收入组的烟草价格需求弹性为 -1.39，最高收入组的价格需求弹性为 -0.81。

此外，还有一些研究考察了由于价格变化所引起的烟草消费替代问题。一般来说，某一类烟草制品由于涨价而引起的消费减少会由于吸烟者转吸其他未涨价烟草制品而抵消。例如：Laxminarayan 和 Deolalikar（2004）对越南的研究发现，当卷烟和黄花烟（rustic tobacco）的价格相对发生变化的时候，就会产生吸烟者在两者之间的消费替代，尤其是当卷烟涨价时，吸烟者就会转而吸黄花烟。这种可能存在的消费替代也从另外一个方面给出提示：如果提高烟草税的目的是促进公共卫生利益，就非常有必要在提税时对所有烟草制品同时提税并提高所有烟草制品的价格。

总之，许多研究都证实了税收和价格手段确实能够影响烟草的消费需求，这种影响体现在对烟草消费的各个方面，包括：更高的烟草价格能够防止人们尝试吸烟，促使现在吸烟的人尝试戒烟，并且让吸烟者减少每天吸烟的频率和数量。这些研究结果还发现，中低收入国家的烟草产品的价格需求弹性较高收入国家更为敏感。而且在既定的国家，年轻人及/或社会经济状况较差的人群比成年人及/或社会经济状况较好的人对价格的反应更为敏感，这些研究结果与通常的经济理论是一致的。根据上瘾性经济原理，对烟草制品的永久性提价对烟草需求弹性的影响从长期来看比短期更为明显。最后，研究还发现，烟草制品之间相对价格的变化将会引起消费替代，尤其是当只有一种烟草产品涨价时，这种替代就会更为明显且会抵消由于涨价对烟草制品弹性的影响。

手册概览

本技术手册希望通过阐述烟草税的最佳政策实践经验，来帮助各国政府提高烟草税并取得最好的政策效果。本手册也是将要出版的有关烟草税的系列出版物之一，这些出版物包括：将由世界卫生组织和美国国家癌症研究署（NCI）联合推出的《烟草经济和烟草控制》；将由国际癌症研究总署（IARC）推出的“烟草控制系列丛书”之一《烟草税收与价格政策有效性手册》；将由彭博全球减少烟草使用倡议行动（BI）推出的烟草税系列报告。

以上系列出版物在读者、内容和程度上都有不同的定位。例如，国际癌症研究总署的出版物从专业研究的角度，介绍全球关于烟草税和烟草价格政策对烟草使用影响的研究；而美国癌症研究总署和世界卫生组织的专门出版物则从一个更为宽泛的层面，主要介绍全球各种烟草控制和干预措施对公共卫生和经济的影响，其中尤为强调这些政策措施对中低收入国家的影响。相比而言，彭博全球减少烟草使用倡议行动（BI）推出的烟草税系列报告则主要是一些国别报告，这些报告探讨在一个特定国家增加烟草税所可能导致的对各方面的潜在影响，包括对烟草使用的影响，对防止（烟草使用所引起的）死亡的影响，对政府财政收入的影响等。这本手册主要是为各国税务管理部门和其他关心烟草税的政府部门提供一套关于烟草税结构和烟草税管理的实践指南。总之，以上所有相关出版物互为补充，将全面系统地为大家介绍烟草经济、烟草税和烟草控制。

本手册的第 2 章介绍了全球范围的烟草税，总结了各国对烟草制品征收的各个税种以及各国对烟草制品征税的不同做法，并从理论和实践方面分析了烟草税制对烟草价格、税收收入以及烟草消费的影响。

本手册的第 3 章讨论烟草税的管理，因为良好的税收管理对于烟草税在促进公共卫生和保证政府财政收入方面非常重要。本章首先阐述了烟草税管理者需要具备较强的专业素养和管理能力，这种素养和能力包括非常清楚地了解不同的烟草税政策对烟草价格、烟草消费和政府收入会产生不同的影响，同时他们也需要明白烟草税政策和管理中其他一些会影响烟草需求的因素。本章中还讨论了有效的烟草税管理中可能会遇到的挑战，包括对烟草生产和烟草税征收的监管以及防范逃避税的措施。

本手册的第 4 章讨论了烟草税涉及的一些政治经济问题，尤其是重点讨论了当政府提高烟草税时所可能遇到的阻力和挑战。当政府想要提高烟草税时通常会听到一些反对的声音，包括：提高烟草税能给政府增加多少税收收入，这种税收增长能够持续多久；提高烟草税对宏观经济会有什么样的影响，尤其是对就业和通货膨胀的影响有多大；提高烟草税是否会损害穷人的利益；是否会加剧烟草非法贸易。本章还提供了一些国家烟草行业干预提高烟草税率的案例以及烟草生产商在税率提高后所采取的对策。最后，本章讨论了烟草税收入的用途和专款专用问题，在许多国家，烟草税收入一般都专款专用于公共卫生方面的项目。

在前面几章所讨论的内容的基础上，本手册的最后一章将向读者介绍烟草税的"最优政策实践方案"，即提高烟草税既能最大程度地促进公共卫生利益，同时又能保证至少在中短期内增加政府的税收收入。此外，考虑到目前许多国家的烟草税政策和管理水平与我们所描述的最优方案之间还有很大差距，因此，本章也介绍了政府优化烟草税制的各种政策措施。

尽管本手册试图论及烟草税的各个方面，但其中很多方面仍然尚缺乏实践案例。各国政府在烟草税政策和管理方面的不断改革和优化，将为我们提供丰富的烟草税改革的成功案例和经验教训。

第 2 章

烟草税税负水平和税制结构：理论和实证概况

本章介绍了烟草消费税的各种类型及其在公共卫生和政府收入方面的含义。一个好的烟草税制对于一个国家的公共卫生和公共财政来说都至关重要，它既能减少烟草消费，又能保证增加政府的财政收入。但一国政府对烟草税制设计或改革则取决于该国特定的政治和经济环境。

尽管许多国家对烟草制品也征收进口关税和类似增值税的销售税，但对于大多数国家来说，消费税占烟草制品价格的权重最大，为政府筹集到的税收收入最多，对公共卫生方面的影响最大。因此，本章主要讨论消费税，包括那些专门对烟草制品征收、但未被称为消费税的税种。此外，本手册主要讨论对卷烟征收的消费税，至于对其他烟草制品（如自制手卷烟、咀嚼烟、鼻吸烟以及水烟）征收的消费税，一方面由于可获得的数据有限，另一方面由于许多国家对这类烟草制品不征收消费税（或税率较低），因此本书对这些非卷烟类的烟草制品的征税不作过多介绍和讨论。

本章第 1 节介绍了烟草税的不同类型；第 2 节按收入水平、国家和地区介绍了烟草税的税率及烟草税占价格的比重；第 3 节讨论了对卷烟征税的税制设计和管理中的一些问题；第 4 节则在理论和实践的基础上，进一步讨论了怎样为实现特定的目标而设计相应的烟草税制；第5节讨论了在单一税率和差别税率中进行选择的问题；第6节对全章进行了总结。

2.1 对烟草制品征税的类型

消费税和增值税是最常见的对烟草制品征收的两个税种。根据现有数据，全世界大约有90%的国家（182个国家中的163个）都对卷烟征收消费税。全世界除了海湾合作委员会国家（包括巴林王国、科威特、阿曼、卡塔尔、沙特阿拉伯以及阿联酋），部分太平洋岛屿国家（包括库克群岛、马绍尔群岛共和国、瑙鲁、纽埃、帕劳和基里巴斯共和国），部分加勒比海岛国（包括安提瓜和巴布达，格林纳达和圣卢西亚）及阿富汗、贝宁、马尔代夫、圣多美和普林西比民主共和国之外，其余国家——182个国家中的152个——都对卷烟征收增值税（和销售税）（WHO GTCR，2009）。

- **消费税：**消费税有两种——从量税和从价税。从量税是根据烟草制品的数量单位（如每包、重量、每条、每支）征收固定数额的税。从价税则是根据烟草制品的价格按一定比例征税。后面我们将详细介绍这两种征税方式。
- **增值税：**增值税是对消费品征税的常见形式。通常来说，增值税对所有的商品和服务都征收，且采用单一税率，也正因为如此，增值税不会影响商品的相对价格，并能为政府带来可观的财政收入。而且，从征管方面来看，增值税除了对征税商品和服务的价格需要加以严格的监管和账簿记录外，并不需要对其他方面投以很多精力。

  各国卷烟增值税的税率差异很大。以增值税占卷烟零售价格的比重来看，目前该指标在2%－10%之间的有30个国家，10%－15%的有57个国家，15%－20%的有65个国家。全世界只有30个国家不对烟草制品征收任何形式的增值税（WHO GTCR，2009）。
- **其他税种：**在不同国家对消费品征税会冠以不同的税种名称，有些税种虽然不使用消费税这一名称，但其实质却是消费税（如巴西的印花税和埃及的一般销售税（GST））。此外，还有其他一些对烟草制品额外征收的税，专款专用于一些特定项目。

- **进口关税：**几乎所有国家都对进口卷烟征收关税。[3] 进口关税是对进入一国海关并将在该国被最终消费（例如有些商品如果仅仅是过境，还要被运往其他国家，则不能称为是在该国被最终消费）的选定商品征收的税。通常进口关税都是在商品入关环节对进口商征收。

　　各国的进口关税也有很大差异。各国政府征收进口关税一方面是为了保护国内的民族产业，另一方面也是为了获取财政收入。有些国家卷烟进口关税税率非常高，如尼日利亚（35%），圭亚那（100%），斯里兰卡（斯里兰卡卢比，1.370SLR/千克），津巴布韦（60%，另加 5US $/50 包），埃及（83%），约旦（75%），墨西哥（67%），洪都拉斯（55%）（TMA，2009）。一般来说，那些国内卷烟产量小，或是对卷烟不征收消费税的国家会倾向于对进口卷烟征收高关税，以获取财政收入。海湾国家在这方面就很有代表性：贝宁、科威特、卡塔尔、沙特阿拉伯以及阿拉伯联合酋长国（UAE）都对进口卷烟报关的到岸价格（CIF）征收 100% 的进口关税。

　　近年来，随着各种各样双边的、地区的及全球贸易协定的签定，许多国家的进口关税都得以大幅度下降。由于进口关税对进口商品歧视，因此各种自由贸易协定都要求签定国逐步降低进口关税直至取消。随着进口关税的逐步降低和取消，政府由此获取的财政收入也逐渐在减少，因此，就有必要征收消费税或增加消费税来弥补财政收入。文莱过去曾对进口卷烟按到岸价格（CIF）征收 200% 的进口关税，但最近则以消费税取代了进口关税。由于该国国内不生产卷烟，因此以消费税取代进口关税这一举措也不会对国内经济产生任何影响，而只需要对进口商在征税环节作一些技术调整就可以了。文莱的这一税收政策变化一方面是为了履行对世界贸易组织（WTO）的承诺，另一方面也是为了满足其他一些国际和地区贸易协定的要求。

3　这方面也有例外，如新加坡。此外，很多国家作为各种地区或双边贸易协定的成员方，烟草制品在协定范围内或被征收不同的进口关税或无进口关税。

2.2 全球和地区烟草价格及税收概况

从全球来看，卷烟的价格及税收占零售价格的比重有很大的差异，本章的图 1 和图 2 分别以国家的收入和地区为划分标准描述了这种差异。在图 1 中，越高的国家组的卷烟最高平均价格越高，每包烟中税收所占的比重也越高。从全球平均水平看，每包烟的平均零售价为 2.53 美元，每包烟中税收占零售价的比重约为 50%。中低收入组和低收入组国家的卷烟平均价格和税收占零售价的比重都要低于世界平均水平，其中中低收入组国家卷烟平均价格为每包 1.73 美元，税收占每包卷烟零售价的比重为 45%，低收入组国家卷烟平均价格为每包 1.06 美元，税收占每包卷烟零售价的比重为 39%。

图 1 2008 年不同国家收入组卷烟最畅销品牌的平均价格，每包烟所含的消费税以及每包烟中税收占零售价的比重。

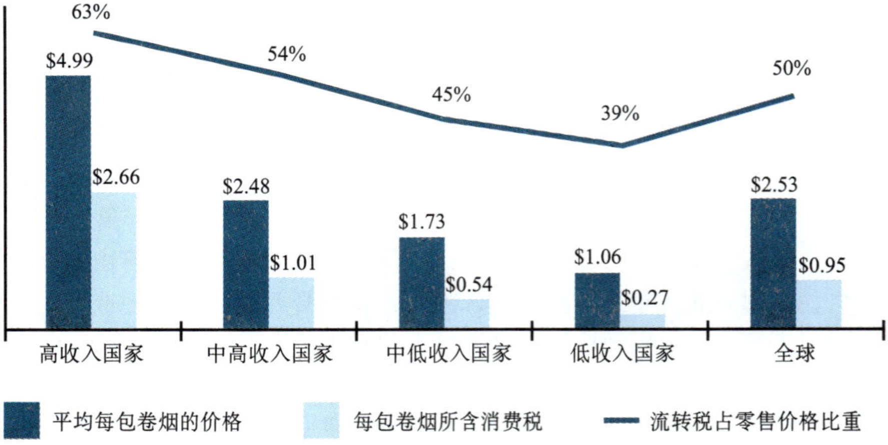

资料来源：根据世界卫生组织 2009 GTCR 数据计算得出。

在世界卫生组织的各大区中（图 2），欧洲区卷烟的平均零售价格及每包烟中税收占零售价的比重都是最高的（分别为 3.87US $/包及 63%），这主要是因为欧盟国家（EU）的相关指标较高的缘故。东地中海地区（EMR）卷烟中的税收占零售价的比重最低，非洲区（AFR）这两个指标次之。各大区的数据比较显示出两个有趣的特点：一是东南亚地区（SEAR）卷烟中税收占零售价的比重位居世界第二，但平均零售价格却位居世界倒数第二，这主要是因为该地区卷烟生产价格较低所致；二是非洲区卷烟平均零售价格在各大区中不算低，但该区税收占卷烟价格的比重在各大区中却是较低的。

图 2　2008 年各大区卷烟最畅销品牌的平均价格，每包烟所含的消费税以及每包烟中税占零售价格的比重。

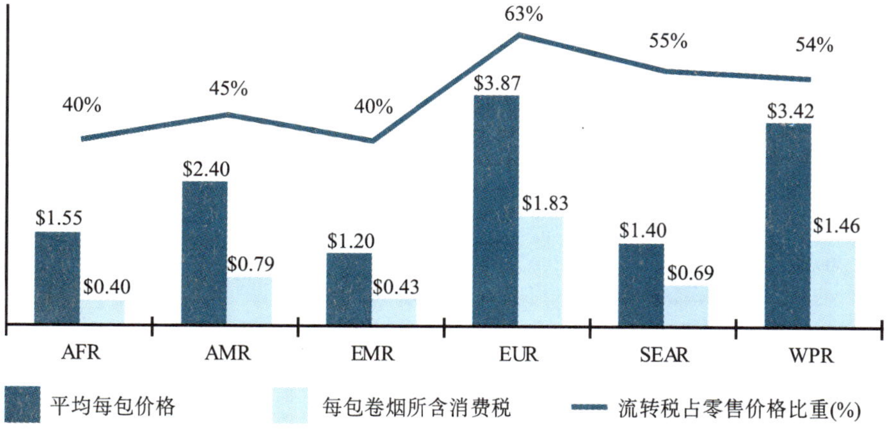

资料来源：根据世界卫生组织 2009 GTCR 数据计算得出。

根据最畅销品牌相关数据的计算结果，在 182 个国家中有 47 个国家达到了世界银行（WB）的 2/3 的标准（即每包卷烟税的价格占零售价的 67%）[4]。在这 47 个国家中，只有 8 个国家达到或超过了 4/5 的标准（包括波兰、斯洛伐克、保加利亚、古巴、毛里求斯、法国、英国以及捷克）。在这 8 个国家中，古巴（87%）和毛里求斯（68%）采用单一的从量税，有 3 个国家（斯洛伐克、英国以及捷克）的卷烟消费税既从量又从价，但以从量为主；在另外 39 个国家中，超过一半以上的国家（23 个国家）的卷烟消费税要么只从价，要么既从量又从价而以从价税为主。

4　1999 年，世界银行发布的数据认为，那些采取了全面控烟措施的国家，其卷烟税占零售价格的比重能够达到 2/3 至 4/5 之间。

图 3 以卷烟消费税的结构对国家进行了分组，从该图可以看出大多数国家烟草税占零售价的比重仍然低于世界银行 1999 年发布的标准。

图 3　2008 年烟草税各税种和不同类型的卷烟消费税占卷烟零售价格比重及与世界银行标准的比较。

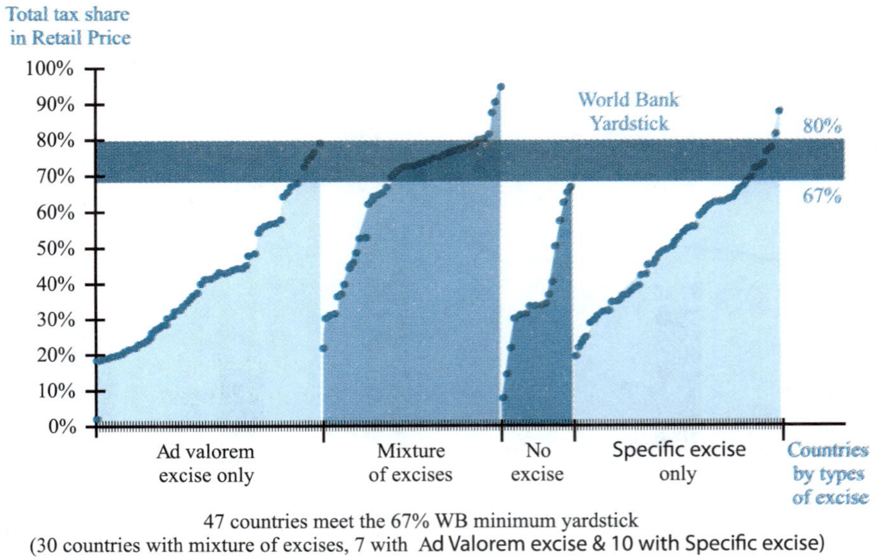

资料来源：根据世界卫生组织 2009GTCR 数据计算得出。

至于其他烟草制品，比迪烟是在东南亚国家流行的一种手卷烟，这些国家包括：孟加拉国、不丹、印度、马尔代夫、尼泊尔、斯里兰卡以及东帝汶[5]。这些国家中除了印度、孟加拉国和尼泊尔外，一般都不对比迪烟征收消费税。印度的比迪烟占烟草总消费的 85%，其他烟草制品占 25%。印度拥有数量众多的生产比迪烟的小生产商，其中 98% 的比迪烟都是手工卷制的（Euromonitor，2007）。印度 300 个品牌比迪烟没有一个品牌的市场份额超过 5%（Goodchild，forthcoming；Sunley，2008）。迄今为止，印度对比迪烟征收的消费税几乎为零。2008 年印度最畅销的卷烟

5　比迪烟是印度卷烟的一种形式，它是将 0. 15 – 0. 25 克晒干的烟丝卷入加工成长方形的一种植物（temburni ）的干叶中，制成圆锥形并且用细线串成串，供人吸用。

品牌是金叶牌（Gold Flake）卷烟，对其征收的消费税是每千支 1,759 印度卢比。机制比迪烟的消费税率是每千支 26 印度卢比，而手工卷制的比迪烟的消费税率是每千支 14 印度卢比。同样，在孟加拉国，比迪烟占卷烟消费的 70%，且大多由小生产商制造。孟加拉国对比迪烟按税前零售价格的 20% 征收增值税（Barkat et al，即将出版）。在尼泊尔，2008 年最畅销卷烟的消费税是每千支 415 尼泊尔卢比，而比迪烟的消费税率是每千支 50 尼泊尔卢比。

水烟是在东地中海地区颇为流行的另一种吸烟形式，这一地区包括：巴林、吉布提、埃及、伊朗、伊拉克、约旦、科威特、黎巴嫩、利比亚、阿曼、巴基斯坦、卡塔尔、沙特阿拉伯、阿拉伯叙利亚共和国、突尼斯、阿拉伯联合酋长国、约旦河西岸和加沙地带以及也门。

关于对水烟征收消费税的资料不是很多，不过在黎巴嫩、利比亚、斯里兰卡和土耳其对水烟是征收从价消费税的，而以色列则对水烟征收从价和从量的混合消费税[6]。这些国家水烟消费税税率差异也非常大，利比亚、斯里兰卡和黎巴嫩对水烟征收消费税的计税依据都是生产商价格（出厂价），税率分别为 2%、15% 和 108%，而土耳其则是就水烟的零售价格征收税率为 58% 的消费税（WHO GTCR，2009）。

大多数国家都很少关注无烟烟草产品，但随着新兴无烟烟草产品的出现，这一问题也日益成为需要关注的政策问题。这些无烟烟草制品除了为数众多的烟草制造商生产的传统的鼻烟（snuff）[7]和咀嚼烟之外，还包括各种各样的可溶性烟草制品的鼻烟制品（snus）[8]。对于这类烟草制品如何征税是将来需要研究的问题。

6　土耳其对于每包不超过 500 克的水烟征收税率为 58% 的从价税，或是每包 0.02 土耳其里拉的从量税，择二者税额高者适用征税。

7　（译者）目前国际市场上的无烟烟草主要有鼻烟、嚼烟、含烟等类型，主流的无烟烟草制品有 snuff 和 snus 两种，如果直译 snuff 和 snus 这两个词，均有“鼻烟”的意思，不过 snuff 和 snus 的使用方式基本上都是放入牙龈与嘴唇间含化，与传统“鼻烟”的使用方式相去甚远。snuff 和 snus 之间也有所不同：在美国，配方中含有深色明火烤烟、含水量较少的无烟烟草叫做 snuff，反之称为 snus。而在瑞典，snuff 和 snus 的称呼与美国恰好相反，瑞典人管配方中不含深色明火烤烟、含水量较大的无烟烟草叫做 snuff，反之称之为 snus。

8　更多关于新兴的无烟烟草制品的介绍请参见以下网址：http：//tobaccoproducts. org/index. php/Main_Page#New_Smokeless_Products.

例如在美国，各州对鼻烟产品征收消费税的差异很大，宾夕法尼亚州不征税，马萨诸塞州按批发价 90% 的税率征税，佛蒙特州则按每盎司 1.49 美元征税。美国南部各州（这些州也是主要的产烟区）对无烟烟草制品的征税程度最低。尽管美国联邦政府对无烟烟草制品征收从量税，即主要是按烟草制品的重量征税，但大多数州都按批发价或生产商的出厂价征收从价税，美国 51 个州中只有 9 个州对无烟烟草制品征收从量税。这一点很有意思，因为美国的每个州都对卷烟征收从量税。按烟草制品的重量征收的从量税会导致对烟草制品最终征税程度有很大差异，因为很多新兴烟草制品比传统的烟草制品在重量上要轻很多。各国对鼻烟征收的消费税也有很大差异。例如挪威对每 100 克鼻烟征收 0.68 挪威克朗的从量消费税（ERC，2008），而土耳其则对鼻烟征收最低限额的从量税，并同时对其征收与卷烟一样的 58% 的从价税（MoF Turkey，土耳其财政部，2009）。

2.3 卷烟税的设计和征收

各国卷烟消费税的设计和征收有很大的差异性，这些差异主要体现在以下多方面：

卷烟消费税可以采用单一税率，即对所有卷烟适用同样的税率，计税依据可以采用以下两种形式。

- **从量**：对卷烟征收从量消费税最常见的计税单位是以每包 20 支装卷烟为单位，或是以每千支卷烟为单位，但也有例外，如以每 25 支为计税单位的（如澳大利亚）；以每条为单位的，以每 5 包共 25 支装为单位的（如加拿大）；以每支为单位的（如印度尼西亚）；以每米为单位的（如尼泊尔）或是以重量为单位的（如新西兰[9]）。
- **从价**：从价税可以以生产商的出厂价为计税依据（如中国）；也可以以零售价为计税依据（如孟加拉国、土耳其、俄罗斯、乌克兰以及欧盟）；直到 2009 年，印度尼西亚从价消费税的计税依据

9 适用于重量超过 0.8 千克的卷烟。

都是以（打在产品上的）印花税票价格（banderol price）[10]为准，该计税依据是根据烟草企业的生产成本并经财政部调整核定。

卷烟消费税也可以采用非单一税率，这种情况下的计税依据主要包括：

- **价格档次及卷烟的其他品牌特征（如卷烟的零售价和生产商价格、市场销售量、卷烟长度、是否带过滤嘴、包装、烟叶原产地）：** 在有些国家，卷烟的从量消费税是根据卷烟的等级来定的，尤其是根据品牌的档次来定。例如，埃及的卷烟从量消费税是根据出厂价来定的，2009 年埃及卷烟的从量消费税低价品牌卷烟为每包 1.08 埃及镑，高价品牌为每包 3.25 埃及镑；印度、尼泊尔和斯里兰卡则是按照卷烟的长度来征收从量消费税；哈萨克斯坦、俄罗斯和乌克兰对过滤嘴卷烟和非过滤嘴卷烟则征收不同的从量消费税；土耳其的卷烟消费税的从量依据以前是多重的，先是根据卷烟的价值来征收，后来又改为根据烟叶的产地（东方国家产地还是非东方国家产地）来征收，到 2009 年，土耳其的卷烟消费税改为根据零售价征收税率为 58% 的从价消费税，并同时征收每包最低 2.05 土耳其里拉的从量消费税（Yurekli et al.，2010）。有些国家根据卷烟的不同特征征收不同档次的差别从价消费税，但这种差别从价税率的使用不如差别从量税率那么普遍。据统计，共有 6 个国家对卷烟适用差别从价消费税率，差别税率的依据主要是零售价格，但也有依据生产商价格（如中国）或是根据市场销售量的（如缅甸）。

最新数据显示，全球 182 个国家中只有 19 个国家不对卷烟征收任何形式的消费税（WHO GTCR，2009）。[11]有些国家对所有卷烟征收从量或从价的单一税率，也有些国家则是根据卷烟的特征征收差别税率。如表 1 所示，世界上很多国家（182 个国家中的 60 个国家）只对卷烟征收从价消费税，有 55 个国家只征收从量消费税。约有四分之一的国家（182 个国家中的 48 个国家）对卷烟征收既从价又从量的消费税。

10　印花税票（Banderol）价格是印尼政府为各品牌设定的价格，其计算依据包括生产成本、生产商利润、分销商、经销商及零售商的利润。

11　附录中的表 1 提供了各国烟草消费税的详细信息。

表 1 卷烟消费税制

	国家数
总数	182
只征收从量消费税	55
只征收从价消费税	60
既从价又从量的混合消费税	48
不征消费税	19

资料来源：根据 WHO GTCR 2009 数据计算得出。

附录中的表 1 和表 2 详细显示了 155 个国家的相关数据：有 32 个国家根据卷烟的价格、生产量、包装、卷烟的种类、产品特征或是原材料的产地等来决定实行差别税率（TMA，2009）。

不同地区和不同收入类别国家的卷烟消费税政策有所不同。一般来说，低收入国家会更倾向于采用从价税：40 个低收入国家中有 28 个国家的卷烟消费税只采用从价税的形式，有 10 个国家采用从量税的形式，另有 2 个国家既从价又从量。相比较而言，高收入国家则较少采用从价税形式：38 个高收入国家中仅有 2 个国家的卷烟消费税采用从价税形式，有 11 个国家采用从量税形式，有 25 个国家——大多数都是欧盟国家——采用既从量又从价的形式。中等收入国家卷烟消费税的税率形式没有明显的倾向性，85 个中等收入国家中有 30 个国家采用从价税形式，有 34 个国家采用从量税形式，有 21 个国家既从价又从量。

从地区来看，大多数西太平洋国家（19 个国家中的 14 个，占比 74%）仅采用从量税形式；但在非洲，很多国家（44 个国家中的 29 个国家，占比 66%）仅采用从价税的形式；在美洲区，大约有一半国家（31 个国家中的 16 个国家，占比 52%）采用从价税的形式，另约有一半国家（31 个国家中的 13 个国家，占比 42%）采用从量税的形式，只有 2 个国家（萨尔瓦多和多米尼加共和国）的卷烟消费税既从价又从量。在 48 个既采用从价消费税又采用从量消费税的国家中，大多数国家（48 个国家中的 28 个）从价征收的比重要比从量高；而在所有低收入和中低收入国家中，除了刚果、多米尼加共和国、乌克兰、巴基斯坦之外，都

表 2　　以国家收入和 WHO 大区分组的卷烟消费税类型

	卷烟消费税制				
国家收入组	仅采用从量税形式	仅采用从价税形式	既从量又从价	无卷烟消费税	国家总数*
高收入国家	11	2	25	7	45
中高收入国家	16	11	9	6	42
中低收入国家	18	19	12	3	52
低收入国家	10	28	2	3	43
WHO 大区					
非洲区（AFRO）	14	29	1	2	46
美洲区（AMRO）	13	16	2	3	34
东地中海办事处（EMRO）	1	7	5	7	20
欧洲区（EURO）	10	3	36	0	49
东南亚区（SEARO）	3	2	2	1	8
西太平洋区（WPRO）	14	3	2	6	25
所有国家	55	60	48	19	182

* 有可获取数据的国家。

资料来源：根据 WHO GTCR 2009 数据计算得出。

主要采用从价税的形式征收烟草消费税[12]。

附录表 3 显示了各国烟草税更详尽的信息。大多数高收入国家的烟草消费税采用既从价又从量的混合形式，这其中主要包括欧盟成员国。在目前的税收体制下，欧盟成员国的烟草消费税要求必须是既从量又从价，且烟草消费税须至少占卷烟零售价格的 57%，最畅销品牌（MPPC）卷烟每千支所包含税额不少于 64 欧元。最畅销品牌（MPPC）卷烟的

12　这主要取决于最畅销品牌在消费税制中处于什么样的位置。

从量征收的消费税不得低于总消费税额的5%，或者是总税额占到零售价格的55%以上。欧盟成员国对最畅销品牌卷烟会征收一个最低限额的消费税，但不超过总消费税额的100%。不过欧盟对一些成员国也适用过渡期政策，目前27个成员国中有24个国家对卷烟消费税设有最低限额，其中大多数国家实际上征收高于此限额或是平均从价税率。除3个成员国之外，所有成员国最畅销卷烟品牌的消费税至少占零售价格的57%以上，同时，所有成员国都达到每千支卷烟所包含税额不少于64欧元的要求（见附录表3－表5）。

2008年11月，欧盟委员会达成了一项旨在提高欧盟公共卫生水平的政治决议。根据这项决议，欧盟今后在烟草税最低限额指标中将以加权平均价格（WAP）取代最畅销品牌价格（MPPC）。之所以有这一改变，主要是因为现今烟草市场较过去竞争更为激烈，卷烟价格经常在变动，市场上最畅销品牌往往不是一个，而是多个。在计算卷烟消费税时以加权平均价格取代最畅销品牌价格提高了透明性，并保证所有卷烟制造商在同一个舞台上竞争。此外，为了提高烟草消费税在促进公共卫生方面的作用，欧盟还决定在今后的5年中将卷烟消费税的最低限额标准逐步提高到每千支90欧元，且这一标准是以所有卷烟为计算口径，而不是加权平均价格，同时要求卷烟消费税至少要达到加权平均价格的60%。

卷烟消费税最低限额标准的提高将缩小欧盟成员国内最贵烟与最便宜烟之间价格的差距。因为自2011年1月1日起，欧盟卷烟消费税的最低限额标准将不再有上限。欧盟还要求至2014年1月1日，卷烟消费税中从量部分占消费税总额的比重不得低于7.5%，税额占卷烟零售价格的比重要高于76.5%，这样使得成员国有较大的灵活性根据本国卷烟市场的特点来安排卷烟消费税中从价和从量的比重[13]。

至于中高收入国家，以土耳其为例，2010年土耳其将卷烟消费税从价税的税率提高到63%，并同时征收最低限额为每包2.65土耳其里拉的从量税（见下图4）；俄罗斯的烟草消费税则要更为复杂一些：从量税和从价税都设有最低限，并且带过滤嘴的卷烟和不带过滤嘴的卷烟的税率也不一样，带过滤嘴的卷烟的税率要高一些（见下图5）。

13 http://ec.europa.eu/taxation_customs/taxation/excise_duties/tobacco_products/legislation/index_en.htm.

图 4　2010 年土耳其卷烟消费税

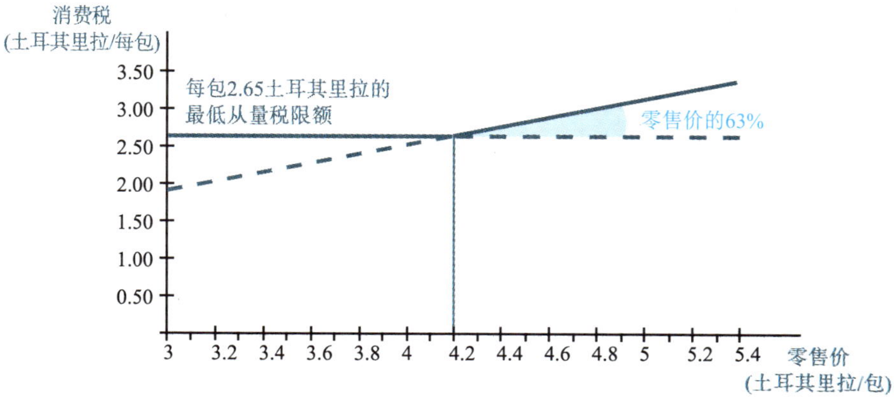

资料来源：根据 Yurekli et al.（2010）数据计算得出。

图 5　2009 年俄罗斯带过滤嘴和不带过滤嘴卷烟的消费税

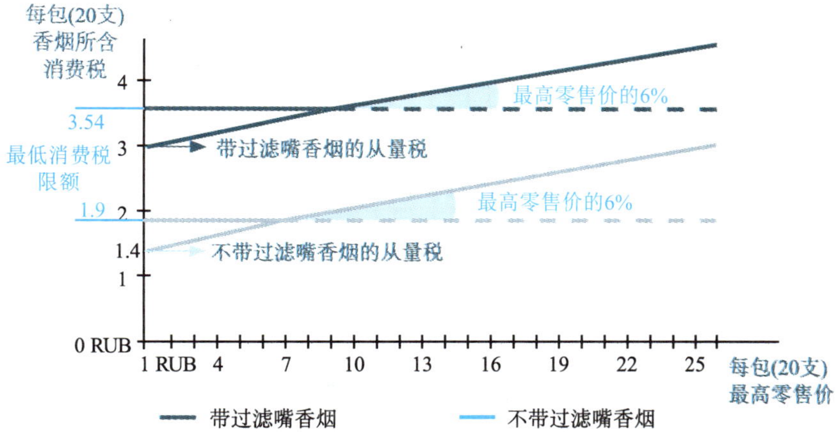

资料来源：根据 TMA（2009）数据计算得出。

表 3 从量税（或单一税）

	从量税	从价税
税基	卷烟制品的数量单位（如每千支卷烟）	卷烟制品的价值（如零售价、批发价和生产商的出厂价）
在税务管理方面的要求	在生产环节或是进口环节征收	
	在税务管理方面的要求较低，只需核定烟草产品的数量即可。	要求有较高的税务管理能力和技术水平，否则会带来很高的管理成本。
是否会存在计税价值低估的问题	不会	有可能会存在计税价值低估的问题，但可以通过设置最低零售价格的办法来解决。
对烟草制品“质量”的影响	促使“品牌提升效应”（Upgrading effect），会相对减少高价品牌烟草制品的税负。	存在“乘数效应”，会使高价高“质量”产品的成本更高。
对烟草制品价格的影响	会提高烟草制品的相对价格，特别对于低价烟，相对价格的提高更为明显。	会带来低价产品相对更低价格的效果，当“乘数效应”很强时，相对价格的降低能得以“补偿”。
通货膨胀因素	通货膨胀会抵消掉从量消费税的作用，因此需要根据通货膨胀水平适时作调整。	从价消费税会随价格的上涨而增长。至少烟草制品的价格会随着通货膨胀而上涨。
公共卫生收益	不管烟草制品的价格在什么水平，从量税都会减少人们对于烟草制品的消费。	从价消费税会鼓励吸烟者“低档替代”（trading down），即不顾健康损害而吸更便宜的烟。

和从价税比较

设有最低限额从量税的从价税	从量与从价的混合消费税制	从量与从价且设有最低从量限额的混合消费税
从价计征消费税，如果从价计征的税额小于设置的最低从量限额，则以最低从量限额计征。	以烟草制品的单位和价值为计征依据。	同时以烟草制品的单位和价值为计征依据征收从量税和从价税，当税额小于最低从量限额时，则适用最低从量限额。
在生产和进口环节征收		
需要较高的税务管理水平和管理能力。否则单纯使用从价税会带来较高的征管成本。	需要较高的税务管理水平和管理能力。否则同时征收从价税和从量税在核定计税依据和征管方面会带来较高的征管成本。	需要较高的税务管理水平和管理能力。否则同时征收从价税和从量税在核定计税依据、从量税征管及确保最低限额税收入库方面会产生较高的征管成本。
由于设有最低限额从量税，因而可避免对低价品牌计税依据的低估。	从价计征的那一部分可能会存在计税依据低估的问题。	由于设有最低限额从量税，因而可避免从价计征部分可能对低价品牌计税依据低估的问题。
不会刺激消费者寻求“高档替代”。	不会刺激消费者寻求“高档替代”。	不会刺激消费者寻求“高档替代”，但会产生“低档替换”。
能够提高低价卷烟的相对价格。	从量税的提高也会相应提高从价计征的税额。	从量税的提高也会相应提高从价计征的税额。当最低限额是按一定百分比计征时，如按总税额与加权平均价格之比计征时，提高从价税率或从量税额会增加最低应纳税额。考虑到对卷烟“质量”的影响效应，这种税制结构还会减少高、低价烟之间的价格差距。
如果不随通货膨胀水平作相应调整，最低从量限额的作用将会随通货膨胀被逐步侵蚀。	需要随通货膨胀水平适时作相应调整，否则最低从量限额的作用将会随通货膨胀被逐步侵蚀。	需要随通货膨胀水平适时作相应调整，否则从量计征部分及最低从量限额的作用将会随通货膨胀被逐步侵蚀。
最低从量限额有助于防止“低档替换”。	可能会减少“低档替换”。	会减少“低档替换”。

2.4 对烟草制品采用适当的消费税征税方式

本节将就从量税和从价税对卷烟价格、消费、烟草制品的质量和种类、政府收入和税收管理的影响等方面对这两种征税方式作一个全面的理论与实证回顾。需要提醒的是，卷烟的质量（quality）一词在这里不意味着任何卷烟对健康影响的大小，而只是根据卷烟的包装、成分配制、或是其他任何能够提升消费者兴趣的因素来评估卷烟的“质量”。因此可以说，即便卷烟被人们说“质量好一些或差一些”，但在健康方面的危害是一样的。

长期以来，关于卷烟消费税是采用从量税还是从价税的形式一直是烟草税政策讨论中的一个重要问题，卷烟消费税的税负水平和税制结构将会影响到不同利益方的利益和目标。考虑到在大多数国家对于大多数烟草制品来说，烟草行业都是垄断或是寡头垄断体制，因此，实行不同的卷烟消费税制对于政府的收入、烟草制造商的利润、消费者价格、卷烟的“质量”和种类以及税务部门的管理能力等方面都有影响（参见 Keen，1998；Kay and Keen，1982；1983；1987；1991；Delipalla and Keen，1992；Suits and Musgrave，1953；Skeath and Trandel，1994；Myles，1994）。因此，采用这两种不同的卷烟消费税税率形式会通过对卷烟“质量”、种类和价格的影响而影响到人们对卷烟的消费选择，并进而影响公共卫生健康水平。此外，政府也可以通过对卷烟消费税政策的调整来调节人们对卷烟的需求，提高政府的收入并促进公共卫生健康 。

因此，对于税收政策决策者来说，关键是要决策如何设置卷烟消费税的税率形式和税率水平，如何在从量和从价之间寻求最佳平衡点，以保证最终达到促进公共卫生健康和提高政府财政收入的政策效果。为此，我们需要就这两种税率形式的效果做深入的研究。表 3 就这两种税率形式的差别以及同时使用这两种税率形式的影响进行了总结。

相比较而言，从量税较从价税在提高消费者价格方面的效果更为明显，因而在减少烟草消费方面的作用更为显著（参见 Delipalla and Keen, 1992; Delipalla and O'Donnell, 2001）。

消费税的种类和消费者价格：在从价消费税制下，烟草公司会倾向于增加产量，因为随着产量增加，供给增加，价格就会下降，但这种价格的下降一部分由税务局承担了（意为由国家税款负担，译者），因为征税使得每包烟的纳税额下降了。因此可以说，从价消费税实质上是政府在“补贴”烟草制造商以增加卷烟产量和提供更低的卷烟价格。同样，如果烟草制造商增加卷烟价格，政府的烟草税收入也会相应增加。而在从量税制下，任何生产商价格（出厂价）的增加都会增加生产商的收入，因而生产商会更愿意提高烟草制品的价格。

一些国家这方面的初步数据也证实了以上结论。那些主要采用从量税的国家的卷烟平均零售价格普遍要高很多。2008 年除了有 19 个国家不对卷烟征收任何形式的消费税外，在那些既征收从量税又征收从价消费税但以从量税为主的国家的卷烟平均价格为 3.87 美元，而以从价消费税为主的国家的卷烟平均价格为 3.14 美元。再看那些只征收从量消费税的国家的数据，结果就更能说明问题：那些只征收从量消费税的国家的卷烟平均价格为 2.46 美元，而只征收从价消费税的国家的卷烟平均价格为 1.29 美元。表 4 说明这种现象和各收入组国家是相吻合的。

表 4 2008 年各收入组国家卷烟平均价格、消费税及消费税占平均（零售）价格的比重

不同收入国家组***	平均价格（AP）/20 支装每包 USD*	平均消费税/20 支装每包**	消费税占平均价格（AP）%
高收入国家			
从量且从价	$5.30	$3.15	59.4%
以从量为主，兼有从价税	$5.49	$3.31	60.3%
以从价为主，兼有从量税	$5.12	$3.00	58.6%
只有从量税	$5.09	$2.56	50.3%
中等收入国家			
从量且从价	$1.51	$0.63	41.6%
以从量为主，兼有从价税	$1.73	$0.73	42.1%
以从价为主，兼有从量税	$1.43	$0.59	41.4%
只有从量税	$1.98	$0.70	35.2%
只有从价税			
中高收入国家			
从量且从价	$1.76	$0.90	51.0%
只有从量税	$2.07	$0.76	36.9%
只有从价税	$1.87	$0.72	38.7%
中低收入国家			
从量且从价	$1.33	$0.46	34.5%
只有从量税	$1.90	$0.64	33.6%
只有从价税	$1.19	$0.32	27.2%
低收入国家			
只有从量税	$1.19	$0.30	25.3%
只有从价税	$0.99	$0.24	24.8%

* 最畅销品牌卷烟的未加权算术平均数价格，以该年年末官方的主要或市场汇率换算为美元。

** 最畅销品牌卷烟的未加权算术平均数的消费税额。

*** 2008 年 7 月世界银行国家收入组分类。

资料来源：根据 WHO GTCR 2009（价格和税收部分）、IMF（官方汇率，除缅甸之外。缅甸数据取 CIA 全球数据库中的非官方汇率）数据计算得出。

当采用从量消费税时，消费者价格的增加可能会超过增加的税收（称为税负过度转移）。

税负过度转移：所谓税负过度转移，是指当对某一商品的征税程度增加时，该商品的消费者价格增加比增加的税负还要多[14]。正如我们前面所讨论的，对卷烟征收从量消费税就很有可能产生这种税负过度转移效应，实证研究也证实了这种可能性。在提税之后，该商品的价格马上会相应提高，提高的价格里不仅包含了所提的税，同时在过去的一年中成本的增加等因素也会反映到价格的上涨中来。Harris（1987）运用美国的相关数据所作的研究表明，美国（美国对卷烟征收从量消费税）烟草消费税提高使得卷烟价格大幅度地提高，价格的提高幅度大约是税收提高幅度的两倍，但在他的研究中，并没有发现价格的提高也归因于生产成本增加的因素。

在从量消费税制下，生产商价格的任何提高都将增加生产商的收入，从而使生产商在从量消费税制下更有提价的积极性。而在从价消费税制下则不同，因为从价税制下，价格提高后的增加部分收入通过被征税转变为政府的财政收入。

从量消费税使得生产商更愿意生产高价产品以及更多样化的烟草产品（参见 Barzel，1976；Kay and Keen，1983，1987，1991；Keen，1998；Cremer and Thisse，1994）。

产品多样化和产品吸引力：生产商是否能够将税收转移给消费者承担在很大程度上取决于其市场运作能力，由于产品的差异能带来一定的市场垄断，因此很多生产商会在产品多样化方面花很大力气。产品差异化可以是垂直差异也可以是水平差异。所谓垂直差异，指的是不同厂家生产质量完全不一样的产品，尽管所有消费者都倾向于消费质量最好的商品，具体到卷烟这种商品，所谓“质量好”通常指的是最畅销品牌，但在愿意付多少钱来购买质量好的商品方面，消费者就会表现出差异。所谓水平产品差异，则是指生产商生产（质量差不多的）同一类的产品。

14　过度转移的程度取决于行业特征。

高档替换和乘数效应：从价消费税的乘数效应对低“质量”产品来说更有利。例如生产商要花 1 美元来提高产品的“质量”（如改善包装以使产品在外观上更抢眼），那么在从量消费税制下，生产商需拿出 1 美元的税前收入用于此项支出。但如果是在实行从价消费税制且消费税含税税率为 20% 的情况下，生产商则需拿出 1.25 美元用于此项支出[15]。从价消费税的乘数效应使得价格的增长超过了包装改善方面的支出：1 美元的包装改善支出导致价格增长了 1.25 美元，因为政府要就包装改善支出的 1 美元征税，并取得 0.25 美元的税收收入。换句话说，在从价消费税制下，由于存在乘数效应，生产商为改善包装而增加生产商价格的同时，也为政府增加了税收收入。

产品多样性：在产品多样性方面，由于从价消费税会使得卷烟市场相对更缺少竞争性，因此增加从价消费税税率会迫使一些厂商（品牌）退出市场，从而减少卷烟市场的产品多样性。

由于从量消费税对高价烟及优质品牌卷烟来说更有利（意指从量消费税使得高价烟的相对价格提高得较少），因而从量消费税在烟草控制方面的效果会更为明显。年轻人是烟草行业未来消费的主要客户群体，年轻人比较在意品牌和产品的外观，他们愿意购买那些高价、市场集中度比较高的卷烟。抢眼的包装以及卷烟产品的多样性也给年轻消费者提供了较大的选择余地和满意度，从而让他们愿意花钱去购买卷烟。当其他促销手段被禁止时，包装就更显得尤为重要。

从量消费税不太会导致消费者从高价烟向低价烟的品牌替换（如低档替换问题）。

当卷烟的税收和价格都提高时，有些消费者会减少吸烟量，有些则会转而去吸更为便宜的烟。因此，当提高烟草税并相应提高卷烟价格后，尽管多少能降低卷烟的消费量，但其政策效果可能不会如预期的那么令人满意。而当对所有品牌的卷烟都征收统一的从量消费税时，消费税的提高能够缩小高价烟和低价烟之间的价格差距。这种价格差距的缩小

---

15 当含税税率为 20% 时，价格需上涨 1/(1－0.20)，才能弥补用于包装改善的 1 美元的成本支出。

又能抑制消费者“低档替代”的意愿，不过在高价烟和中档烟之间可能会存在“低档替代”。在从价消费税制下，由于其计税依据是卷烟的价格，因而对所有卷烟实行统一税率将保持所有卷烟的相对价格不变。

不过，当低价烟和高价烟之间的价格差距缩小后，人们也会怀疑是否存在“高档替代”问题。税收和价格的提高可能会改变消费者在既定的收入状况下购买更高“质量”产品的边际消费意愿。从量消费税提高，低价烟与高价烟之间的相对价格差距会缩小，进而导致低价烟的市场份额下降，这一假设目前已被众多的实证研究结果所证实。Sobel and Garrett（1997）的研究发现美国从量消费税的提高使得普通品牌（低价烟）的市场份额大幅下降[16]。

在深入了解了烟草消费税在公共卫生方面的作用以及从量税会促进烟草制造商生产高价烟的基础上，欧盟委员会设置了一套具有其特色的卷烟消费税制：对低价品牌卷烟征收从量税（设置一个最低从量税限额），同时对高价烟征收从价消费税。通过这样一套烟草消费税制，使得烟草制造商各自寻求适合自己的市场和品牌定位[17]。

从长期来看，对卷烟实行从量消费税更有助于提高卷烟的市场集中度及烟草业的行业利润。

行业利润：理论研究表明，在从量税制下，烟草行业利润会更高（参见 Delipalla and Keen，1992）。而且提税可能还会提高烟草产业的行业利润，当然，其必要条件是增加的税负能 100% 以上地被转移（如价格的增长超过增加的税负）。由于税负增加提高了卷烟的价格，并降低了市场需求，要使利润增加，税后标价就必须增加。因此烟草跨国公司都更倾向于从量消费税。

随着从量消费税的增加，政府有必要采取其他相应措施来抗衡烟草行业更为强劲的市场影响力。

一般来说，政府从某一种税获取的财政收入取决于其市场特征。政

16　最近土耳其的经验表明，连续多年持续地提高卷烟从量消费税确实降低了低价烟的市场份额，不过在这期间该国的人均收入也在增长。

17　http://ec.europa.eu/taxation_customs/taxation/excise_duties/tobacco_products/legislation/index_en.htm.

府在征税时不仅关注税收收入水平，同时也关注获取税收收入的确定性和稳定性以及税务征管和税务执行方面的问题。因此政府不仅关心烟草税的收入水平，而且也关心烟草税收入的确定性和稳定性以及税收征管方面的便利和可操作性。

税收收入水平： 从理论上看确实存在某种从量税和从价税的最优配置，以使得政府的税收收入最大化，且收入稳定，变动性小（参见 Bohanon and van Cott，1984；1991；Kay and Keen，1987；Keen，1998；Delipalla and Keen，2006）。

税收会通过影响卷烟的“质量”及影响市场上品牌的数量从而直接或间接地影响卷烟的价格，提税之后，消费者可能会选择少吸他们惯常所吸用的品牌，也可能还吸同样多的烟，但会吸便宜一些的，甚至也可能吸更贵一些的烟但吸的数量更少一些。要想准确地预测（提税之后）税收收入是很困难的，因为要预测税收收入，首先必须预测提税后消费者行为的变化。除非我们能够知道有哪一种税的变化能够不对卷烟这种商品的市场特征产生影响或影响非常小，否则在这一过程中我们不可能不考虑提税和提价对消费者行为变化的影响。如果政府提税的目标就是要获取更多的财政收入，那么在提税的过程中就应力图将扭曲效应降到最小：提税对价格的扭曲是难免的，但政府提税没有必要对生产商和消费者在卷烟产品“质量”选择上造成扭曲（参见 Kay and Keen，1987；Delipalla and Keen，2006）[18]。

税收收入的确定性： 由于从量税不受卷烟价格的影响，因此从量税能够保证为政府带来稳定的税收收入。

随着卷烟消费税的提高，烟草企业也会相应提高卷烟生产商价格（出厂价格），但提价的幅度很难确定，因而这一税价推递过程对含税消费者价格的影响幅度也很难确定。一般来说为了保证提税能够获取预期的税收收入或是确保税收收入变动不大，那么，当提税对价格的影响不确定时，价格需求弹性就成为在决定采用哪种消费税形式时一个非常关键的因素（Kay and Keen，1982；Keen，1998）。如果卷烟的需求是缺乏弹

18 不过，从公共卫生的角度来看，提税对卷烟产品特征方面的扭曲（而非仅仅是对价格的扭曲）也可能是有益的。

性的（需求弹性为 0），那么卷烟价格的变化不会影响到消费量。在这种情况下，由于提税并没有影响到卷烟的消费数量，因此以卷烟数量为计税依据（如从量消费税）就不会对政府的税收收入造成影响。如果卷烟的需求弹性是固定的（如在任何价格水平上，价格需求弹性均为 1），那么不管提税后卷烟的价格如何变化，消费者还仍然是花一样多的钱买烟，在这种情况下，从价消费税就能够保证政府在提税后照样获得稳定的税收收入。不过，实证研究表明大多数国家的卷烟需求弹性都在 0 – 1 之间（参见附录表 4）。Kay and Keen（1982）的一项研究认为，如果通过从价税取得的税收收入占总税收收入的比重低于预期的需求弹性的话，就能保证政府提税后获得预期的税收收入。

税务管理的便利：在税务管理方面，从量税的管理相对容易。只要卷烟的数量被确定下来，政府税务管理部门就可以在不同的环节进行征税（如生产环节、批发环节或是进口环节）。在从价消费税制下，由于计税依据取决于生产商所标的出厂价格或是零售价格，因此，为了避免计税依据被低估，从价消费税要求税务部门有较强的税务管理水平和对计税依据的核定能力。

税务执行能力：从价消费税会涉及计税价值的评定问题，当计税依据为生产商价格时尤其如此，因为这其中可能会存在转移定价问题。如在采用从价消费税时，卷烟制造商可以以较低的价格卖给一个关联公司，从而缩小消费税的计税依据并少纳消费税。这样一来，由于税基变小了，政府通过从价消费税征得的税收收入也缩水了。菲律宾就是因为存在这种转移定价问题而弃从价税转而采用从量税，俄罗斯也出于同样的原因于 1996 年对进口卷烟由采用从价税改为采用从量税。

随通货膨胀进行调整：在从价消费税制下，由于税额会随价格的上涨而上涨，因此税收收入会与通货膨胀水平保持同步增长。而在从量消费税制下，就有必要就通货膨胀程度进行消费者价格指数（CPI）调整[19]。

19　不过，也有很多对卷烟征收从量税的国家不随通货膨胀水平自动进行价格指数调整。

打击避税：在实行从量消费税时，卷烟生产商可以通过调整卷烟的长度或是包装的大小来达到少缴税的目的。例如，英国曾将对卷烟的征税由以卷烟的重量为计税依据征收从量税改为以从量税和从价税大约各占一半的形式征收，结果在 1975 年到 1981 年之间，在英国曾经销量很大的一种小型号烟的市场占有率从 83% 骤降到 25%（Kay and Keen，1983）。因此，在实行从量消费税制时，作为计税依据的单位必须是非常明确且没有争议的（如每支烟的长度须确定，如超过一定长度就按两支烟计算）。

打击逃税：许多烟草公司反对提高烟草税的一条理由是，提税会刺激走私。烟草行业声称，提高烟草税会减少烟草的合法贸易，但却不会减少烟草的总贸易量。他们认为，提高烟草税会刺激烟草走私，从而减少政府的税收收入，并进而削弱将税收政策作为促进健康的政策工具的有效性。

非法烟草贸易的存在尤其是当其规模较大时，将会影响到烟草的合法市场，并最终损害烟草税的有效性[20]。

烟草税的决策者关心烟草税在公共卫生方面或政府财政收入方面的影响（或两个方面都关注），因而他们关心烟草税对征税的烟草市场消费和不征税的烟草市场消费的作用效果。因此，烟草税制应该便于征收和执行。由于从价税和从量税对于烟草市场会起到不同的效果，因此，在减少刺激烟草走私方面，不仅是烟草税的税负水平与之相关，从价税和从量税的搭配和平衡也是一个需要考虑的重要因素。

---

20 第 4 章将进一步讨论烟草税的避税和逃税问题。

2.5　单一税率与差别税率的选择

对所有的卷烟（或是烟草制品）在同一环节适用简单且单一税率的消费税制有利于减少吸烟（烟草使用），同时也有利于实施有效的税务管理以保证组织更多的税收收入入库。实行单一的税率可以防止消费者在不同的品牌之间（或是不同的烟草制品之间）进行消费替代，同时可以提高税收遵从率，并防止烟草制造商通过采用各种定价策略来试图避税。

从全球的趋势来看，各国政府都在简化烟草消费税制。但也仍然还有许多国家针对卷烟的不同品牌或是不同产品采用有差别的消费税征收形式及适用不同的税率。如附录表 1 所示，在 155 个国家中，有 33 个国家实行差别消费税制，其中又有 21 个国家对卷烟实行多层次的税率，这些国家包括几个烟草消费大国如巴西、埃及、印度、印度尼西亚以及菲律宾。包括孟加拉国在内的 6 个国家对卷烟实行有差别的从价税率，另有包括中国、巴基斯坦、俄罗斯和乌克兰在内的 6 个国家对卷烟实行既有从价又有从量且税率还有差别的混合消费税制。

实行多层税率的从价消费税或从量消费税，往往是出于各种政治经济原因，其中最主要的原因是为了保护国内烟草产业和烟草制造商的利益。但是，这种多重税率的卷烟消费税制在客观上又为烟草制造商提供了通过价格策略或是生产经营策略的调整来达到避税目的的可能性。

现在已经有很多国家（如墨西哥和越南）取消了曾经使用的多重税率，而改为对所有品牌适用单一税率，或是调整其烟草消费税政策以减少不同品牌卷烟之间的价格差距。埃及、波兰、俄罗斯以及乌克兰对卷烟消费税的改革都使低价烟的相对税率提高得更多，并由此迫使烟草制造商提高中高档卷烟的价格。表 5 列示了 15 个国家最畅销、最便宜及高档品牌卷烟的每包价格和每包烟中税收占价格的比重。在这 15 个国家中，由烟草使用引发的疾病死亡率达到 2/3，这 15 个国家也是彭博减少烟草使用倡议行动（Bloomberg Initiative）重点资助的国家。

表 5　　15 国不同等级卷烟每包价格及税收占价格的比重

国家	价格（USD）			总的税收比重		
	最畅销品牌卷烟	最便宜卷烟	高档烟	最畅销品牌卷烟	最便宜卷烟	高档烟
孟加拉国	0.38	0.17	1.04	67%	47%	87%
巴西*	1.03	1.03	1.28	58%	58%	63%
中国	0.73	0.29	1.76	38%	40%	44%
埃及*	0.49	0.49	1.52	59%	59%	39%
印度	1.65	1.40	1.86	55%	50%	50%
印度尼西亚**	0.96	0.46	0.87	51%	44%	50%
墨西哥***	2.07	1.26	2.07	65%	65%	65%
巴基斯坦	0.23	0.16	0.80	53%	63%	68%
菲律宾*	0.53	0.53	0.84	54%	54%	76%
波兰	1.94	1.15	2.65	94%	91%	85%
俄罗斯	0.51	0.14	1.26	37%	47%	27%
泰国	1.29	0.75	1.81	64%	65%	63%
土耳其	1.97	1.41	3.15	73%	87%	73%
乌克兰	0.39	0.08	0.65	45%	61%	39%
越南	0.65	0.15	0.94	45%	45%	45%

* 最畅销和最便宜的都是同一品牌卷烟。

** 最畅销和最便宜的都是丁香卷烟（Kreteks）。

*** 最畅销和最高档的都是同一品牌卷烟。

数据来源：根据 WHO GTCR 2009 计算得出。

2.6　总结

世界卫生组织的目标是为了提高公共卫生健康。同样，各国卫生部门也致力于这一目标。但是烟草消费税制结构和税率却是由各国财政部来决定的，对于财政部而言，保证税收收入是首要考虑的问题。一般而言，各国政府都希望在不减少政府税收收入的前提下，通过税收政策提高公共卫生水平。提高烟草税获取的额外税收收入可以考虑用于补充烟草控制基金。烟草税收入可用于补贴戒烟产品（尤其是用于补贴低收入人群的戒烟产品），补充控烟媒体宣传以及其他控烟活动和项目，这将极大地减少烟草消费，促进公共健康，其意义比单纯地获取增收的税收收入要深远得多。

本章中，我们讨论了不同的卷烟消费税及其效果。一般来讲，一种税收工具致力于一项政策目标。从公共卫生这一目标而言，从量税是一项更为合适的税收政策工具，因为从量税的实施会带来以下两方面效果：一是提高从量税相对能更多地提高卷烟的价格，从而使得那些对价格比较敏感的消费者更少吸烟；二是在从量税制下，消费者以低价烟替代高价烟的可能性相对要小一些，尤其是在提税后吸烟者还难戒掉或减少吸烟量的情况下更是如此，这对于低收入人群及青少年来说尤为明显，因为这两类人群收入有限，对价格更为敏感。另外，我们也应看到从量税对高价烟以及一些占有市场品牌优势的烟来说更为有利，因为提高从量税对这些烟价格的提高相对要低，从而使得其对吸烟者更有吸引力，并能促使市场上出现更多这类品种的品牌，这对于那些注重于卷烟品牌和形象的年轻人来说更是如此。

无论是从量税还是从价税，都是政府用于烟草控制的税收政策工具。政府可以通过提高从量税来迫使卷烟涨价并降低低价烟的市场占有率。由此也必将减少低收入人群和青少年人群对卷烟的消费需求。政府还可考虑通过征收从价消费税来调节卷烟的“质量”和市场种类以使卷烟的市场结构达到一个政府所希望的状态。

哪种消费税能带来更多的税收收入，则需首先搞清楚各国烟草行业的结构及具体的卷烟市场特征，如哪种卷烟的市场销量最大等，然后才能决定哪种消费税形式更为合适。

此外，对卷烟增收消费税以筹措更多的财政收入往往还受制于各种政治经济因素。决策官员们出于竞选连任的目的会照顾选民们的意愿（而选择不增加税收）。尽管对所有品牌增加消费税并减少不同品牌间的价格差距对促进公共卫生和增加政府财政收入都有利，但政府出于某种考虑在对销量很大的品牌及中低价的卷烟增税方面往往会犹豫不决。出于政治方面的因素，很多政府认为随着社会各阶层对公共卫生认识的深入，对以上两类卷烟采取一种渐进的方式提高烟草消费税将更可行。因此，各国应根据本国的具体情况，考虑采取渐进和过渡的方式提高烟草消费税。在运用烟草消费税进行烟草控制方面并没有一个万能的固定的模式。一国政府需要考虑该国在特定时期的具体情况，如烟草行业的特点、该国在公共政策选择方面存在的问题以及公众对公共卫生问题的认识水平等的基础上，来决定具体采用哪种烟草消费税政策。随着政府对所有品牌卷烟征税程度的加强以及禁止烟草广告的努力，公众对吸烟的健康危害方面的认识会越来越深入，这些最终都会影响到消费者对卷烟的消费倾向。

数据表明（参见附录表 3），大多数发展中国家甚至是发达国家在提高烟草消费税方面仍然都存在很大的空间。在低收入和中低收入国家中，只有少数国家的卷烟消费税占零售价格的比重超过 50%。45 个低收入国家中有 4 个国家，58 个中低收入国家中的 15

个国家，43 个中高收入国家中的 15 个国家对卷烟征收消费税的税率超过 50%。相比较而言，48 个高收入国家中有 12 个国家的卷烟消费税税率低于 50%。就卷烟消费税占零售价格的比重这一指标来看，低收入国家的比重平均为 25%，中低收入国家平均为 31%，中高收入国家平均为 41%，高收入国家平均为 53%。

一些研究证明，如果将卷烟消费税提高到至少占零售价格的 70%，其在公共卫生、拯救生命方面将产生极大的变化（参见 Ross et al，2008，2009）。目前已有一些国家，包括一些发展中国家已经达到了 70% 这一标志性指标。一项关于烟草消费税比重最高的十国最畅销品牌的研究结果表明，这十国卷烟消费税中零售价格的比重平均达到了 74%[21]。当然，要达到 70% 这一标准指标，需要根据各自的国情如现有的税制结构和税率水平等，采取各种不同的方式和步骤，我们将在下一章具体讨论这一问题。

21　这些国家包括：文莱达鲁萨兰国、保加利亚、古巴、斐济、毛里求斯、波兰、塞舌尔、斯洛伐克以及委内瑞拉（WHO GTCR，2009）。

第 3 章

烟草税的管理

一国政府至少是出于三个理由开征或提高烟草消费税：增加政府财政收入，纠正烟草消费的负外部性以及控制烟草使用（McCarten and Stotsky, 1995；Warner et. al, 1995）。在本章中，我们将主要讨论为实现以上目标，政府在烟草消费税管理中需要注意的关键问题以及如何提高政府的税收管理能力。

3.1 税务管理能力

有效的税务管理应该是那种既能保证纳税人较高的税收遵从度，又能以较低的行政成本征收到较多的税收收入入库。好的税务管理既需要税务管理和执行部门拥有一定的技术管理水平，也需要有一个设计合理的税制。税务管理部门对于现行税制及对现行税制的改革政策效果应有全面的了解和评估，在经济和政治环境允许的条件下，应尽可能简化税制，对于税法调整有可能引起的避税也应有充分的思想准备，同时还需要加强税法和税务管理方面的衔接和配合。

3.1.1 对烟草税政策的认知和评估

如果政府提高烟草税的目标是以增加财政收入和减少烟草使用为目的，那么在提税时就应该将着力点放在那些生产商很少但市场份额很大的烟草产品上。烟草制品几乎都具有以下一些特征：需求弹性小，税收占零售价格的比重也较低，并且不太会有很接近的替代品，这些因素都决定了对这一类烟草产品增税会更容易一些，并且能为政府带来持续稳定的税收收入。在本节中，我们将讨论烟草产品的特征以及政府在酝酿烟草税政策改革时评估税改对政府税收收入和烟草消费影响的重要性。

烟草制品的价格弹性：包括中低收入国家在内的许多国家的数据表明，烟草制品的需求弹性较小（价格需求弹性的负数绝对值小于1），一般来说主要都在 -0.2 至 -0.8 之间（也有少数例外，参见附录表 4 的总结）。由于烟草制品的需求缺乏弹性，因此对其增加税收能够为政府增加税收收入[22]。

税收占零售价格的比重：如附录表 3 所示，各国烟草税占卷烟零售价格比重的差别很大，介于8% -89%之间（WHO GTCR 2009）。只要税率的增长幅度超过提税所引起的价格增长幅度，就能确保提税能够增加政府税收收入。也就是说，即使当卷烟的价格需求弹性大于 -1 时（绝对值）也能够保证税收收入的增长。

表 6 显示的是不同收入国家组在不同卷烟价格需求弹性下，随着每包卷烟的消费税增加 50%、75% 和 100%，提高卷烟消费税所带来的政府税收收入增长的百分比情况以及税收占卷烟零售价格的百分比。从该表中我们看到，在低收入和中低收入国家，即便在提税后一段时间卷烟的需求弹性不再变小，提高卷烟消费税也总是能带来可观的财政收入。需要注意的是，这里的计算没有考虑人均收入增长对卷烟消费和对财政收入的影响。

22 需求弹性越小，提税对减少烟草消费的作用也会越小，但却能带来更多的财政收入。

表6　不同收入组国家不同的价格需求弹性下烟草消费税收入的增长百分比

	商品税占零售价的百分比	消费税占零售价的百分比	每包卷烟消费税增加百分比	在不同的价格需求弹性下消费税收入增加百分比			
				-0.4	-0.6	-0.8	-1.0
低收入国家	40%	25%	50%	40%	35%	30%	25%
			75%	58%	49%	40%	31%
			100%	73%	60%	47%	33%
中低收入国家	45%	30%	50%	38%	32%	26%	20%
			75%	54%	43%	33%	23%
			100%	68%	52%	36%	20%
中高收入国家和高收入国家	56%	45%	50%	32%	23%	14%	5%
			75%	43%	28%	12%	-4%
			100%	52%	28%	4%	-20%
	65%	50%	50%	30%	26%	10%	0%
			75%	40%	22%	5%	-12%
			100%	47%	20%	-7%	-33%
高收入国家	85%	70%	50%	22%	8%	-6%	-20%
			75%	18%	1%	-3%	-68%

在本表格的计算中没有考虑品牌替代（交叉价格弹性）、收入效应及非法贸易，并且假定零售环节增值税（VAT）税率和零售商利润率（RM）分别为15%和10%。

资料来源：根据WHO GTCR 2009计算得出。

收入效应：来自于多数低收入和中等收入国家的实证研究表明，人均收入和卷烟需求之间存在某种正相关性。当人均收入增加时，消费者可能会增加烟草消费或是转而消费更高价的烟，显然消费者的这种反应将增加政府的财政收入。不过，来自于一些高收入国家1990年至2007年间的数据却显示出收入和卷烟消费之间存在负相关性。在这一时期，全球成人（15岁及以上人口）人均实际GDP从6,848美元/成人增长至8,181美元/成人，增长了19.5%。同一时期，全球成年人人均卷烟消费从1,453支降至1,208支，下降了17%。尽管较高收入国家这一时期成年人人均收入（GDP/成年人）增长了26%至27%，但高收入国家成人人均卷烟消费还是下降了35个百分点，中高收入国家下降了14个百分点。这一时期，中低收入国家成人人均收入增长最快（增长了121%）[23]，但卷烟消费却只下降了1个百分点，这一点可能反映了其他控烟措施的效果抵消了收入增长对需求的影响。低收入国家收入和卷烟消费之间正相关关系最为明显，这一期间低收入国家成人人均收入增长26%，成人人均卷烟消费由1990年的337支增长到2007年的418支，增长了24%（IMF，2009；ERC，2008）。

尽管全球人均卷烟消费在下降，但许多国家的数据却显示高档品牌卷烟的市场份额却增加了，这说明一些吸烟者随着收入的增加转而吸较高档品牌的烟。例如，近几年来越南的国内生产总值（GDP）翻了一番以上，进口高档卷烟的市场份额从1998年的5%增长到2005年的20%。进口品牌卷烟的零售价从每包0.63美元到1.88美元不等，而同期低价烟的零售价则介于每包0.07美元至0.63美元之间（Guindon et al.，2010）。

俄罗斯的高档卷烟品牌在2004－2005年间经历了一个快速增长时期，即使在农村地区也是如此，这一时期俄罗斯的经济购买力得以快速增长（Ross et al.，2008）。巴基斯坦是一个低收入国家，但该国高档卷烟品牌的市场占有率从2006年的15%达到2011年的17%（预计），同一时期中档价位卷烟和低价位卷烟的市场份额预计将从85%降至83%（Euromonitor，2009）。土耳其和埃及也有同样的趋势。2001年埃及万宝路（Marlboro）烟的价格是每包4.5埃及镑，当年其市场份额为3.6%（Euromonitor，2009）。到2009年埃及万宝路烟的价格几乎翻倍，为每包8.5埃及镑，其市场份额也增至6%（MoF Egypt 2009）。土耳其高档烟与低价烟的价格相差2－3倍，尽管如此，土耳其高档烟的市场份额从2001年的7.5%增至2006年的18.4%（Euromonitor，2009），至2008年又增至20%（Yurekli et al.，2010）；而低价烟的市场份额则从2001年的59%下降至2006年的45.4%，到2008年继续降至41%（Yurekli et al，2010）。

23 收入除以成年人人口。

提高卷烟消费税对烟草消费和政府税收收入的影响：一国的税务当局应了解本国卷烟市场状况以及影响卷烟消费者行为的因素。从政府增收的角度来说，尽管提税在一定程度上会减少卷烟销量，但由于卷烟市场销量巨大，提高卷烟消费税还是能够增加政府财政收入的。不过，由于居民收入与卷烟消费之间存在正相关关系，因而能在一定程度上抵消由于增税而引起的卷烟销量的下降，并最终为政府带来更多的财政收入。

为了使烟草税收政策既服务于公共卫生目标，又满足政府财政收入的需要，一国税务当局必须考虑到卷烟价格、消费者的收入敏感性等因素，在设计烟草税制以及提高烟草税幅度时进行严谨细致的评估。如附录表 3 所示，大多数国家仍然存在提税并增加政府收入的空间。一般的原则是，如果想要通过提高卷烟价格和减少烟草消费的方式达到公共卫生的目标，增加的卷烟税应该大于通货膨胀和收入上涨的幅度，使得吸烟者感觉更负担不起。

3.1.2 精心设计烟草税政策

一个好的卷烟消费税制应该比较透明，征税对象和税基易于界定，且花费较少的行政征收成本而且有收效。

制定以上条件能够被称为“设计良好”的卷烟消费税制的一种办法就是在同一环节对所有烟草制品适用简单且统一的税制。这样一套税制既有利于增加政府税收收入，同时也有利于减少卷烟消费。最好是实行一套单一的从量消费税制，因为单一税率的从量消费税可以提高纳税的遵从度，减少烟草生产商采用避税价格策略的机会，从而更能够增加政府税收收入，提高卷烟平均价格以减少烟草消费。而且，单一税率的从量税能够缩小不同品牌卷烟以及不同类烟草制品之间的价格差距，从而减少吸烟者在不同品牌卷烟和产品之间的消费替代。图 6 描述了高价烟与低价烟之间的价格差距。在该图中，对所有卷烟都征收每包 0.5 美元的从量税。图 6 - 图 11 描述了在其他条件相同的情况下（同一生产商价格分布），实施不同的卷烟消费税制所产生的不同效果。在所有的税制结构中，在单一税率的从量消费税制下，卷烟的价格差距似乎最小。

图 6 单一税率的从量消费税及卷烟的价格差距

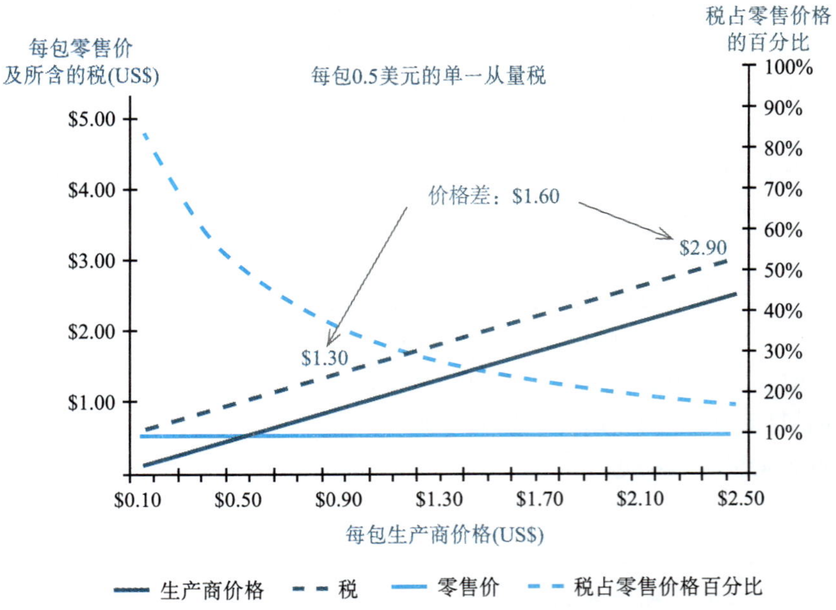

改革税制结构

我们在第 2 章中谈到，不同国家在对烟草制品征税时采用不同的税制结构。在本章中，我们将进一步讨论不同的烟草消费税制结构及其不足，并探讨进一步优化的措施。

单一税率的从价税制结构

图 7 描述了在实行单一税率的从价消费税制下，低价烟与高价烟之间的差距相对要大很多。

图 7　单一税率的从价消费税及卷烟价格差距

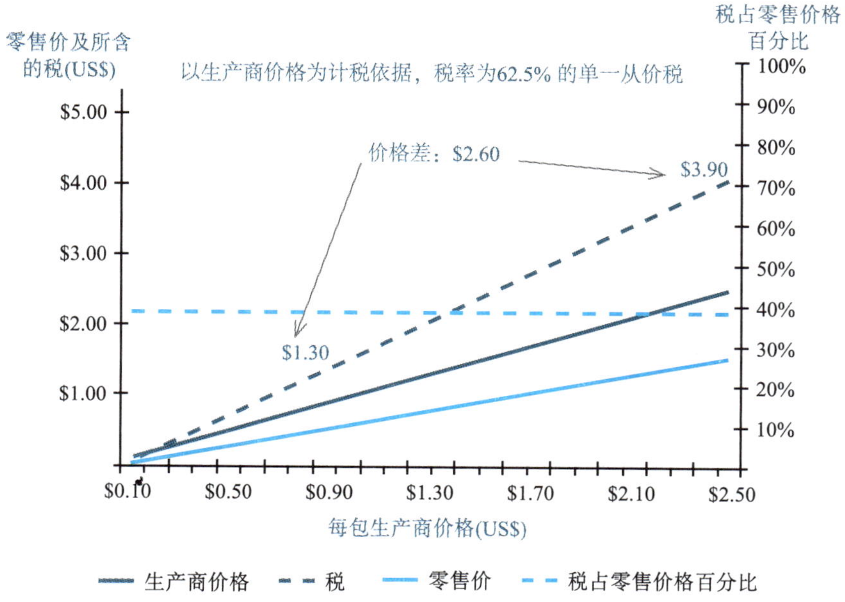

设有最低从量税限额的消费税制

从价消费税会加大高价烟与低价烟之间的价格差距，并由此加大从不同品牌卷烟征收到的税收额的差距。为解决这一问题，有些国家（如俄罗斯、乌克兰和土耳其）在卷烟消费税制中设置了最低从量税限额，以保证对低于一定价格以下的卷烟也能征收到一定的税收，同时对高于此价格以上的卷烟征收从价消费税（如土耳其）或是同时征收从量和从价税（如俄罗斯和乌克兰）。图 8 和图 9 描述了在设有最低从量税限额的情况下，实行从量和从价的混合消费税制或是仅实行从价消费税，对低价烟和高价烟价格的影响情况。当按混合消费税或是按从价消费税计算出来的税额低于最低限额时，就按预先设置的最低限额征收。

最低从量税限额的设置保证了对低价烟征收一定的税额并迫使低价烟涨价。通过这种方式，既促使了低价烟涨价，又对高价烟征收了更高的税，从而保证了政府能够获取更多的财政收入。

图 8 设有最低从量税限额的混合消费税制

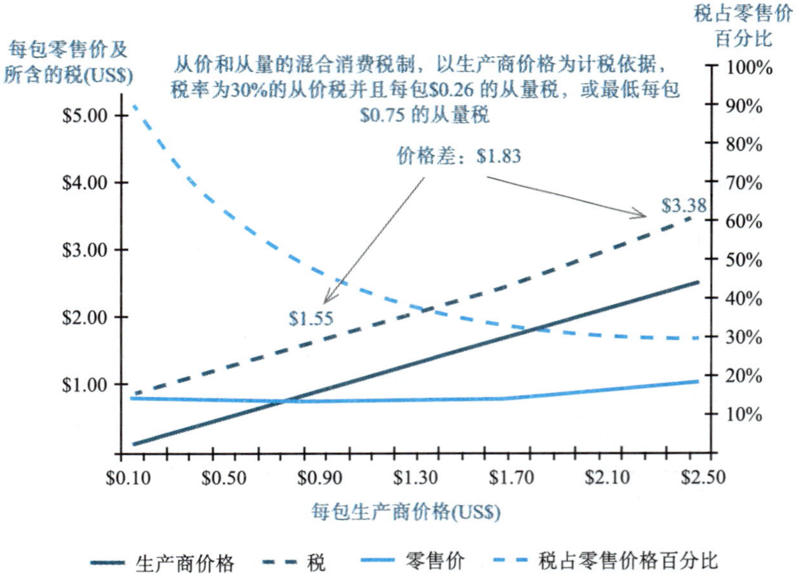

图 9 设有最低从量税限额的从价消费税制

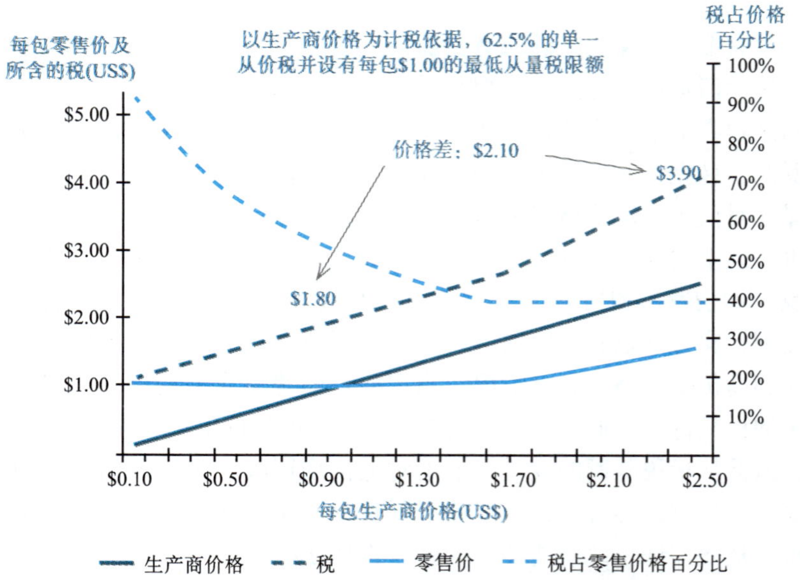

不过，这样一套税制也有其缺陷。

从价消费税受制于卷烟生产商的价格策略。如果高价位卷烟在卷烟消费税中占很大比重，那么烟草制造商可能会在提税的时候有意调低卷烟的出厂价从而少缴税而使政府增税的目的落空。例如，土耳其烟草税主要来自于对中档和同档价位卷烟征收的从价税，所能征得的税收收入在很大程度上取决于烟草制造商的定价策略。税务当局可以与卷烟生产商谈判，要求其提高出厂价以保证税收收入，不过，这种谈判也不一定总是会有令人满意的结果。因此，税务部门在这一过程对从价税的征管成本可能会增加，这主要是由于以下两个方面的原因：（1）与生产商谈判要求其提高卷烟的价格；（2）由于价格是由生产商决定的，而价格又是征税的税基，因而税务部门会增加防止生产商避税的监管成本。俄罗斯在这方面做得比较成功。2007 年以前，俄罗斯对卷烟征收的从价消费税以批发价为计税依据（不含销售税或增值税的出厂前价格）。有些卷烟制造商为了少缴税会申报比较低的批发价，在缴过税之后，批发商再将其利润加进来并与生产商分享该利润（Ross et al，2009）。自 2008 年起，俄罗斯改为以最高零售价为计税依据征收从价消费税。

下一步措施：各国的实践证明，与实行单一的从量消费税制相比，设有最低从量消费税限额的税制要求一国税务部门拥有较强的征管能力和技术水平，因为生产商很可能会采用对税务部门不利的价格策略来避税，从而增加政府的税务管理成本。

为了减少各种意外情况的发生，保证中长期税收收入，在每次卷烟消费税的调整中可以令提高最低从量税的力度强于提高从价税，最终成为单一的从量卷烟消费税制。与此同时，应小心处理对从价税税率的调整，以免当前卷烟消费税收入以及从中高档价位卷烟征收的税收收入受到太大影响。

多重卷烟消费税制

我们在第 2 章提到，很多国家包括一些卷烟生产和消费大国（如孟加拉国、巴西、中国、埃及、印度、印度尼西亚、巴基斯坦、菲律宾以及乌克兰）实行的是多重卷烟消费税制，即对不同的烟草制品征收不同的消费税率。当对低价烟适用低税率，而对高价烟适用高税率时，便会加大不同品牌的价格差距，如图 10 和图 11 所示。

图 10 多重税率（从量税）卷烟消费税制下的卷烟价格差距

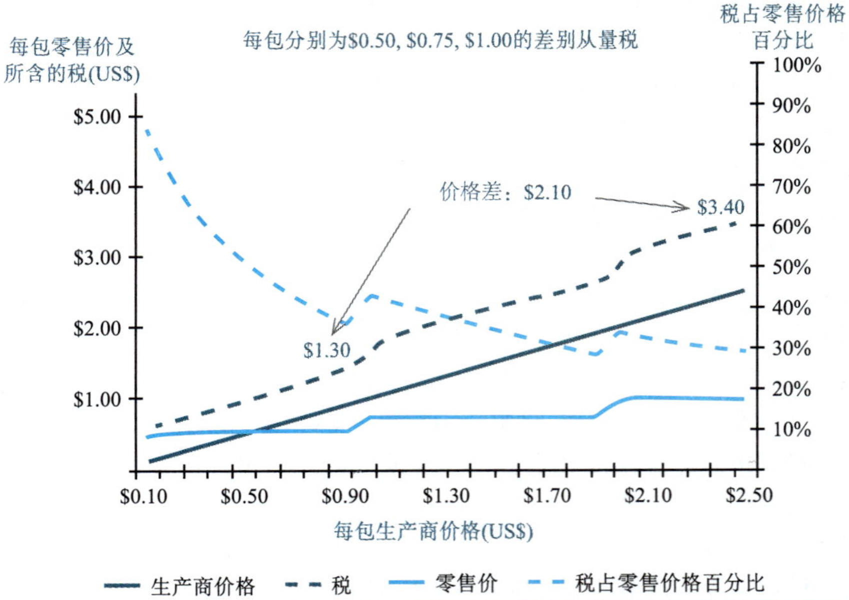

图 11 多重税率（从价税）卷烟消费税制下的卷烟价格差距

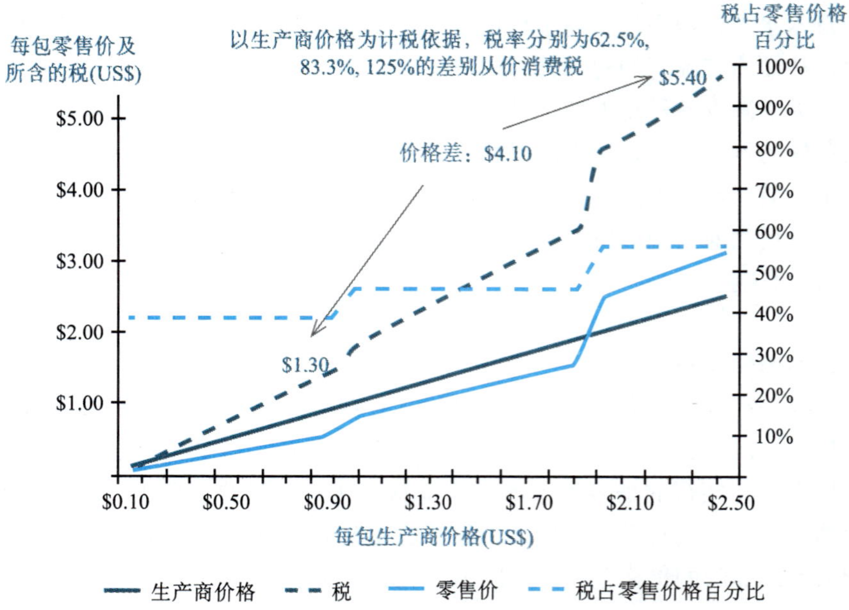

由于这种多重税率卷烟消费税制是根据不同产品的特点来设定不同的税率，因而会刺激卷烟制造商通过改变价格或生产策略来达到避税的目的。例如，土耳其根据烟草制品的内在烟叶成分的档次来设置不同级别的税率，且那些烟叶成分档次高的品牌相对享有较低的税率，烟草公司对这一政策迅速作出反应，调整其品牌的烟叶成分以享有更优惠的税率而少缴税。由于烟草公司的避税策略，结果土耳其实际征收入库的税收收入远低于预期收入。2009 年，埃及一个高档品牌卷烟降价至中档价位，其目的就是为了少缴税，因为中档价位的烟适用的税率要比高档价位的低。印尼的多重税率卷烟消费税制对小型卷烟生产企业有利，结果导致印尼大约生产白包和丁香卷烟的中小型生产企业有 4,500 家之多。为了扼制烟草企业的避税，印尼政府不得不颁布一条新法令，禁止新设中小型烟草公司。

下一步措施：政府可能是出于各种各样的原因采用多重税率的卷烟消费税制，这些原因包括通过保护小型生产企业或是国内生产商来达到保护国内产业的目的。中国、泰国和埃及都是这种情况，在这些国家，烟草企业或是国有的或是国家占有很大的股权。但是，这种多重税率的烟草消费税制会刺激烟草制造商通过价格策略进行避税，从而减少政府的税收收入。

考虑到各国具体的政治和经济情况，一国政府在实行单一的从量消费税制前至少可以考虑采取以下两个步骤：（1）逐步减少税率级次，并在中长期内达到只适用一个税率级次；（2）如果品牌间的价格差距太大，可采用类似于欧盟的设有最低从量税限额的混合税制，或是类似于土耳其的设有最低从量税限额的从价消费税制，以便在短期内能够减少价格差距，并从长期角度能最终实现单一的从量消费税制。

3.1.3 提高税收遵从度以增加税收收入

税务当局的税收管理水平取决于其对纳税人税源监控和税收遵从度的执行情况，这一过程同时也是减少逃避税增加政府税收收入的过程。

税务当局之所以要监控纳税人的税收遵从度是因为税务管理的首要任务就是："依法征税，应征尽征，以维护税法和税务当局的严肃性。纳税人无论是不小心，还是粗心或故意避税，甚至是由于税务部门的征管不力等原因导致的各种税收不遵从行为都是有可能发生的，因此税务当局应设法将各种税收不遵从行为降到最低"（CTPA，2008）[24]。

很多国家的税务当局都会采用以下措施以提高纳税人的遵从度：

- 要求生产商、进口商和出口商进行税务登记并取得生产、中间环节销售及零售许可证；
- 通过以下两种办法监控国内生产与贸易以消除税收不遵从行为：
  - 进行产品检查
  - 规定在烟草制品上贴税票
- 要求纳税人（生产商和进口商）在卷烟制品出厂后或是入关后的指定期限内申报纳税。

3.1.4 对生产进行监控

对卷烟消费税的有效管理需要纳税人与税务当局之间建立起良好的合作关系。烟草消费税的征收管理主要根据纳税人的纳税登记、纳税申报和缴纳税款来进行。税务部门只需要进行常规的纳税检查和税务执法以保证税款入库。最常见的税务执法就是定期审计纳税人的账簿。此外，有些国家还需打击非法贸易以确保获得更多的财政收入。

24　参见税收政策与管理（2008）税收管理论坛：税收遵从的分组最终报告《监测纳税人的税收遵从度：政府征税者的经验和实践指南》。http：www. oecd. gov.

税务现场稽查：通常在税务征管水平较弱的国家，可采用在生产流程中现场稽查的方式进行产品数量“强制执行”。当税务官员认为纳税人有可能存在税务欺诈时，现场稽查的成本便会增加。不过，如果税务官员能够经常地去纳税人的各生产和经营地检查或是突击检查，便能极大地减少纳税人的税务欺诈行为。印度和格鲁吉亚在这方面有较成功的经验。在印度，税务部门向卷烟和比迪烟的生产企业派驻税务稽查员，每位稽查员每天要详细记录当天的生产量以及出厂量并将记录传给次日的稽查员（MoF India，2009）；在格鲁吉亚，政府对烟草制品的生产、运输和存储都进行严格的监控（Euromonitor，2008）。过去一些高收入国家也曾对征收消费税的产品实行严格的现场稽查制度（Sunley et al，2000）。例如，苏格兰曾经派税务官员掌管威士忌酒厂所有入口、出口以及所有重要生产场所进出口的钥匙。税务局派专员住在每个酒厂旁边，没有税务驻守员在场，任何人也不能打开酒厂的门。同样，酒厂的所有仓库也由税务部门派驻的官员负责开库和闭库。现在，英国主要是由仓库保管员负责日常的保管和清点，税务官员通过现场清点和审计来加强对消费税应税产品的管理。

为了提高纳税人的税收遵从度、减少非法贸易，很多国家政府都要求烟草制造商在烟草制品上贴上税票。近年来，越来越多的国家采用高成本高科技的办法来直接监控烟草商的生产情况。

税票：很多国家都通过贴税票的方式对卷烟生产进行监控并以此区分合法烟草制品和非法烟草制品，以提高纳税人的税收遵从度。那些没有贴税票的产品会被认为是非法生产或走私的。不过，各国贴税票的具体方式也不一样。例如，越南要求年产量达到5000万支以上的卷烟生产企业生产的品牌和达到越南国家标准的品牌，都要贴上税票；孟加拉国则先是要求硬盒包装的卷烟贴税票，后来又要求所有卷烟都要贴税票（ERC，2008）；乌克兰在边界和机场免税店销售的卷烟不需要贴税票，但需要贴上一种橘色的标签，上面写着“仅供免税店销售”字样，这样做是为了防止这些卷烟又回流到国内市场销售（Euromonitor，2008）；相类似做法的还有塞尔维亚，该国要求在国内生产的品牌贴上红色税票，有执照品牌贴上绿色税票，进口品牌贴上蓝色税票（ERC，2008）。

> 税票成本：烟草公司通过在税务局或是相关授权机构购买税票或印花税票的方式支付税票成本。税票面值有各种计价方式，可以是每支卷烟（如印尼），每支雪茄或小雪茄，也可以是每千支卷烟（如欧盟国家），或是一定数量包装的每包卷烟，或是按每公斤烟草制品的重量来计算。通常税票的成本较低时一般是由生产商或是销售商支付，再通过提价的方式转嫁给消费者。最初一些国家对税票的成本给以补贴（如越南），但现在都是由生产商先支付税票的成本，然后再通过提高零售价格的方式将该成本转嫁给消费者。

改良税票（印花税票）：近年来，一些国家政府（如土耳其、巴西，以及美国的加州）采用一种高科技的税票以减少假税票现象的发生，同时能更有效地对国内烟草生产商进行监控，加强对烟草生产信息的获取。该系统在烟草生产场地放置电子监视扫描器，这种扫描器能够读取税票中的信息并自动将信息传送给财政部。因此，税务管理部门能够实时获得卷烟生产的所有信息，如生产了多少包，在哪个工厂生产的，什么时候生产的，是什么品牌的以及其他相关信息，所有这些信息都可用来对烟草商的生产情况进行税源追踪和监控，以提高纳税人的税收遵从度。

电子税票：还有一种电子税票。这种电子税票与印花税票类似，能够有效地提供烟草产品的税源监控信息以防止逃税。电子税票记载了产品的品牌、生产商、在哪里生产的、税票是何时生产的及何时被纳税人购买的等等信息，通过这些信息可以很容易地追溯烟草产品的生产全过程。以上两种高科技税票的区别主要在于：财政部通过印花税票可以在卷烟的生产过程中就实时获取相关信息，而电子税票系统则要求烟草批发商向政府授权单位申报一个序列号，当授权单位验证并批准了该序列号后，批发商再向该序列号补充进加密密码和授权的电子税票信息。不过，我们还不是很清楚政府授权单位是如何来验证序列号的。最后由卷烟分销商负责往产品上印制电子税票，而后运往各零售点（Authentix，2006）[25]。

高科技税票的成本：印花税票系统比传统的税票的成本要高很多。包括菲律宾、印尼、巴基斯坦、俄罗斯和乌克兰在内的很多国家都已尝试采用该系统，但成本昂贵的运行费用仍然是妨碍政府下决心正式运行该系统的原因。在土耳其，该系统运行的所有成本根据卷烟和酒的生产情况被分摊到五年支付计划中。就卷烟而言，是根据卷烟的产量分摊到卷烟的价格中去，由此使得每千支卷烟的价格在五年中上涨了 6 里拉（以 2009 年计算，经济型和高档卷烟的平均零售价格分别上涨了 0.38% 和 0.21%）。在巴西，由卷烟生产商负责每条生产线上该系统的安装和运行维护成本（成本为每包卷烟零售价的 1% 至 1.6%）。在菲律宾则是由烟业和酒业公司来承担采用该系统的成本[26]。

25 资料来源于 Authentix 2006 年 8 月 14 日在新墨西哥州 Albuquerque 的 FTA 技术中心的演讲。

26 2009 年 5 月 11 日《马尼拉时报（The Manila Times)》，http：//tiny.cc/cngKE.

3.2 其他税务管理问题

消费税款的缴纳

全球的税务实践一般都是由烟草生产商就其生产情况申报纳税，纳税期限一般是在卷烟出厂后的15－30日内，土耳其、巴基斯坦、埃及和欧盟都执行这种规定。在土耳其，烟草生产商在每月的15号缴纳上个月的消费税，埃及则是在每月的30号纳税。

免税和退税

烟草生产商可就损坏或未用的印花税票或是未售出被退回给生产商的烟草制品向税务部门申请退税或免税，税务部门核查无误后会批准此类免税或退税申请，通常免税会用于冲抵税票或是印花税票。

最低纳税额

如果烟草生产商、批发商或零售商预计政府会提高烟草消费税，他们可能会存储一些存货以便在政府提税后还能让这些存货享受当前的低税率。如果消费税是在生产环节征收，通常来说，如果生产商在新税法生效前已将这些存货申报备案，那么这些存货可仍然适用之前的低税率（Sunley et al.，2000）。为了消除这种避税行为，今后税法的变动趋势可能会改为对于在新税法生效前已生产的存货也适用新税率。对于生产的批发环节的存货适用新税率相对要容易一些，但要对零售环节的存货适用新税率就困难得多。因此，为了有效地解决这一问题，对于达到一定量的存货，税法可规定一个最低纳税额以保证税率的提高能反映到价格中来，且防止税收收入的流失。

3.3 总结

良好的税务管理是保证税收政策有效落实和提高纳税人税收遵从度的必要条件，而良好的税务管理则既需要有技术支撑，也需要有一个设计良好的税制作为基础。由于烟草制品具有价格弹性低、税收占零售价格比重低的特点，因此很多国家目前仍然具备很大的提高烟草税的空间，并以此增加政府的财政收入和减少烟草使用量。不过，税收管理部门应该清楚烟草市场的状况和影响市场销售的因素及由此对政府财政收入产生的影响，在设计烟草税制时都应将这些因素考虑进来，以保证烟草税制能同时服务于公共卫生和财政收入的目标。还有非常重要的一点就是在提高烟草税时，一定要保证提税幅度大于通货膨胀和人均收入增长的幅度，这样才能保证在提税及烟草价格上涨后，消费者的支付能力是下降的，以保证政府在提税后增加税收收入。

从税制透明性、计税对象的界定和税务管理的效率方面来看，单一税率的从量消费税制应该是比较好的烟草消费税制。尽管目前各国烟草消费税制不一，并考虑到各国具体的政治经济情况，各国可考虑在短期内简化烟草消费税制，在中长期内逐步向单一税率的从量消费税制转化。

提高纳税人的税收遵从度可以从很多方面着手，包括采用一套税源监控制度、增加税务稽查人员等。政府应根据需要对税务管理系统进行评估。经验表明，传统的税票在打击非法贸易和假烟方面成效不大，但还是要比没有税票的制度好。

新技术的出现加强了税务部门的监管能力。数据表明，印花税票系统帮助巴西政府有效地监测国内卷烟非法贸易，并在 2008 年为政府增加了 1 亿美元的卷烟消费税收入（MoF Brazil, 2009）。2007 年加州由于加强了征管及采用了高科技税票（印花税票），税收征管部门预测当年卷烟的逃税金额将下降 37%（从 292, 000, 000 美元至 182, 000, 000 美元）[27]。以上经验表明，在税收征管中采用新技术能够有效地促进“应征尽征”，且增加的税收收入能够远远弥补采用新技术的成本支出。

新技术是加强税收征管、减少逃税的有力工具。为了减少逃税，各国政府仍需采用包括增加税务稽查人员在内的各种强化征管措施。以巴西为例，尽管巴西在打击国内非法卷烟生产方面成效显著，但通过巴拉圭入境的卷烟非法贸易始终困扰着巴西政府。2004 年马来西亚的卷烟非法贸易占合法市场份额的 25%，2005 年该份额下降了 10%，尽管卷烟价格有所上涨。虽然马来西亚政府采用了包括高科技税票等手段加强了税收征管，但民众认为是政府在有力打击非法贸易方面的努力导致减少非法卷烟在市场上的数量（ERC, 2008）。同样，英国通过加强税收征管人力和采用其他强有力的措施，有效地减少了卷烟的非法贸易（Johnson, 2009）。我们将在下一章具体讨论。

---

27 加利福尼亚州均等化委员会（California State Board of Equalization），2007 年 6 月 27 日资料。http：www. boe. ca. gov/news/newsroom07. htm.

新技术对于提高纳税人的税收遵从度是必要的，但却并不足以完全消除纳税人的税收违法行为。有效的税收征管制度会定期采用其他一些加强征管的措施，并要求生产商保管好各种记录（如进货、存货、高科技税票、出厂的物流记录等），税务部门会定期检查这些记录。

第 4 章

烟草税收的政治经济学

征收消费税可以有效提高政府财政收入。近些年来，除了满足财政收入需要外，越来越多的政府通过提高烟草税来减少烟草使用带来的卫生和经济负担。研究表明征收烟草税是减少烟草消费最有效的方法。而综合采用价格与非价格措施（比如在公众场所禁烟、禁止烟草广告等）也非常有效（World Health Report 2002，Jha et al. 2006a，Asaria et al. 2007）。

然而，政治因素始终萦绕在提高烟草税的决策上。这些因素包括（但不局限于）担心提税可能影响到逃税（走私）和避税、就业、通货膨胀、卷烟和其他烟草制品的负担能力——特别针对低收入吸烟者而言以及进口与国产卷烟的价格比。此外，在一些国家，政府会与烟草生产企业共同协商来提高烟草税，烟草企业对增税的反应会影响政府对财政收入的预期。因此，了解每个国家的政治和经济环境对烟草税政策的成功实施非常关键。

4.1 烟草税收与公共卫生收益

越来越多的证据清楚地表明，烟草税的提高会延迟青少年初始吸烟年龄并促使成年吸烟者戒烟，极大地减少因吸烟而早逝的人数，从而显著降低由于烟草使用而引起的卫生和经济负担。

例如在印度，预计2010年之后的几年，由于吸烟致病而造成的早逝人数可达近百万，其中包括死于心脏病、癌症、呼吸系统疾病和结核病者。印度对卷烟课税很低，对比迪烟和雪茄烟的征税在历史上一直近乎于零。大幅增加这类烟草税收会显著降低吸烟率和由此引发的疾病与死亡，同时又能大幅提高政府财政收入。研究显示，卷烟价格提高10%可以令印度农村卷烟消费降低3.4%，而比迪烟价提升10%可分别减少印度农村和城市消费的9.2%和8.5%。对青少年来说，他们的卷烟吸烟率和比迪烟吸烟率也会分别降低1.7%和11.7%（John et al.，2010）。

对民众健康而言，通过加税将比迪烟价格提高52.8%可以避免当前比迪烟吸烟者中460万例的早逝，而通过增税把卷烟价格提高153%可以避免现有卷烟吸烟者中200万例的早逝。此外，通过延迟当前印度青少年的初始吸烟年龄，可以预防160万例和1,090万例由吸卷烟和吸比迪烟带来的早逝。

在俄罗斯，计划增加的烟草消费税，预计可减少约8万例死亡（占预期死于烟草相关疾病人数的0.4%）。然而，这只是令吸烟者人数略微减少。如果俄罗斯选择将烟草税提高到占零售价格70%的话，就能避免俄罗斯现有人口中高达270万人死于烟草相关疾病。这会将烟草相关疾病死亡减少达12%，且从长期来看作用可能更大。同时，政府每年可额外收取1,530亿卢布（60亿美元）的消费税（Ross et al，2008）。

在乌克兰，相对小幅的提税，即把烟草税提高到占零售价格50%的水平，可减少高达50万的吸烟人口，避免25.3万例死亡（占预期死于烟草相关疾病人数的3.1%），且每年可增加约14亿乌克兰币（2.81亿美元）的额外消费税收入。若乌克兰将烟草税提高至零售价的70%，吸烟人数可减少近200万，可避免约100万人死于烟草相关疾病，即烟草相关死亡减少12%。同时，政府可每年增加额外42亿乌克兰币（8.6亿美元）消费税收入。与邻国相比，乌克兰税负较低，这成为走私卷烟出境的诱因。因此，在乌克兰提高烟草税可以减少非法卷烟走私贸易。而且，即便禁绝所有非法卷烟出口，税收收入仍会增加 26 亿到 36 亿乌克兰币（5.39 亿到 7.27 亿美元），即提高了约 150% 到 200%（Ross et al.，2009）。

人们必须认识到烟草控制，尤其是烟草税收的高度政治性以及其中涉及的复杂利益关系。尽管每个国家所涉及的利益方和他们的兴趣都有所不同，但很多理由都曾被广泛用来反对提升烟草税，其中包括增税对避税活动、走私、通货膨胀、就业、贫困以及民族工业保护方面的影响等等。我们现在就来具体看看这些问题。

4.2　避税与逃税

税务管理当局面临的挑战之一是在增税以后如何维持财政收入的税基和流量。预期的税收收入水平取决于对逃税和避税的限制、消费的趋势、其他烟草控制政策的采用以及业界对提税的反应等。避税与逃税能使烟草制品对吸烟者而言价格更低，也更加容易获得，尤其是针对青少年和低收入吸烟者而言更是如此。因此逃税和避税破坏了高额烟草税和其他控烟措施对居民健康水平预期所产生的作用。

在现有的消费税体系和征收过程中，纳税人会有机会少付税款。而税收体系的任何变化都会引起不同反应，例如，烟草消费税的增加一方面会刺激某些烟草生产企业和个人进行逃税和避税，这取决于周围的环境（执法不力、执法周期过长、腐败、管理不善），另一方面也会令某些吸烟者减少吸烟量（或者令非吸烟者根本不去尝试吸烟）。

逃税与避税是有区分的：避税是合法的，是为了减少纳税而改变一些经济行为，很可能负担一些成本；但逃税涉及非法活动以逃避纳税。

为了减少纳税而利用的某些机会是有个人成本的。这个成本的体现形式可能是消费或购物行为的改变、被查处逃税漏税的几率提高以及用于避税和/或隐瞒漏税的真实资源成本。这些成本取决于政府政策实施的难易，包括税收管理和税收征收等政策，但也同时取决于税率和税基的设定。

4.2.1 避税

消费者为了避税而采取的某些行为被认为是合法的，比如从低税率国家或免税店购买个人消费品。在美国、欧盟和其他边境人口较多的国家（例如独联体国家，拉丁美洲国家，尤其是巴西和巴拉圭之间（Ramos，2009）），生活在高税率国家的吸烟者可以合法地在临近的低税率国家进行跨境购物。有些国家的居民也可以直接从免征某些税赋的原住民保护区购买卷烟。

在某些国家，个人的跨境购物和/或其他避税行为相当多，比如在卢森堡，因其低税率，又与很多高税率国家相邻，所以这种现象非常多。但实际上，个人是不太可能仅为了买烟省点小钱而花更多的钱跑到很远的地方去。

免税店里的免关税烟草制品价格便宜，更加吸引消费者购买。尽管这样鼓励了个人消费，但却破坏了征税的最初目的，也损害了公众健康。为了提高烟草税在减少卷烟消费方面的有效性，世界卫生组织烟草控制框架公约呼吁禁止（或限制）向国际旅客销售免关税烟草制品，也禁止由国际旅客带免税烟草制品入关。禁止销售免关税烟草制品可以减少避税机会。有证据显示，越来越多的政府开始参与到禁止销售免关税卷烟的活动中来（FCA，2009）。

自 1999 年起欧盟已禁止向在其境内旅行的个人销售免关税烟草制品；罗马尼亚也禁售（2010 年）；保加利亚则在与非欧盟国家的陆路边境禁售；尼泊尔最近也完全禁售（2008 年）；自 2001 年起加拿大对免税店内销售的烟草制品征收联邦税（Canadian Cancer Society，2010）。

销售免关税烟草制品会鼓励消费，限额允许入境旅客携带免税烟草制品同样也会鼓励消费。尽管许多国家仍有 200 支卷烟（或类似数量其他制品）的免关税进口限额——有时会更多，而越来越多的政府正在取消或减少这种给入境旅客的额度。比如，2010 年 2 月，香港特别行政区政府宣布："作为进一步保障公共卫生的手段，将额度减少到 19 支卷烟"，这意味着未开封的 20 支装的一包烟也要缴纳关税（Hong Kong SAR Government，2010）。巴巴多斯、新加坡和斯里兰卡等国家则不允许卷烟有任何免关税限额。一些欧盟国家的免关税进口限额限制在 40 支卷烟（保加利亚、希腊、匈牙利、立陶宛、波兰，罗马尼亚和斯洛伐克）[28]。危地马拉的限量是 80 支卷烟（Canadian Cancer Society，2010；European Commission 2009）。

烟草生产企业避税虽在全球范围内存在，却较少见诸于文献。企业避税是合法活动，如改变产品特点、包装、生产规模和定价政策等。例如，在从量税收下，企业可以操控卷烟的长度或包装大小来减少纳税。在一些采用多级税收体系的发展中国家，烟草业的反应则各不相同。在依据价格水平划分税级的国家，例如埃及、巴基斯坦、菲律宾，我们发现各品牌的价格汇集于各税级的最高价格附近。为了避免高额纳税，企业选择不同的定价措施，以避免支付比单一税率下还要高的税额。

一些国家按照产品类型和生产水平采用不同的消费税率。例如印度尼西亚的税率根据产品类型和生产水平的不同而有所不同。由于小规模生产所适用的税率较低，所以生产商可以建立数间小公司而非一个大工厂来规避较高的税赋。据生产规模分级的税率使得厂家免于支付最高的税款，在降低售价的同时可以提高利润空间。当税率取决于产品类型时，制造商可以将其产品重新分类，使之按照较低税率纳税，就像近来的美国，与烟斗制品相比，自制卷烟的税率大幅度提高，致使厂商把自制卷烟重新包装成烟斗制品去销售。一般来说，在不同税收体系下，避税的方法会有很多。要消除避税，取得较高财政收入，同时获得更大的公共卫生收益，各国政府需要弥补税法中的此类漏洞。

避税的程度与形式引起政府的注意出于几个方面的原因。避税限制了政府通过税收提高财政收入与控制消费的能力。由于从一个国家的烟草税收数据可以倒推出卷烟销售水平，而分析吸烟状况和估算烟草制品价格弹性建立在这些数据上，因此会影响分析的准确性。随着税率的提高，纳税消费与避税活动都会改变。如果没有考虑提税所引起的避税活动，会夸大税收对卷烟消费的影响。

政府需要防止或至少控制避税。要做到这一点，必须制定严格的税收条例来使避税机会最小化。在实践中，随着政府修订法规来堵塞税收漏洞，税务顾问们也会寻找修订条例中的新漏洞。在许多发展中国家，税收结构过于复杂，此类税收漏洞就更容易出现。简化税收结构会有助于减少避税机会，也会降低单位财政收入的监测成本。

28　在这些国家（除了罗马尼亚）仅对自非欧盟国家由陆路或海路抵达（但非空港）适用（欧盟内禁止免关税销售）。

4.2.2 逃税

逃税通常是纳税人通过向税务当局刻意歪曲或隐瞒其真实经济活动，来减少其纳税责任。比如，通过减少发票金额或者谎报产品的数量或内容，进口商可以逃避关税，生产商可以逃避国内消费税。当关税为从价税时，减少发票金额会降低税基；当关税为从量税时，更容易出现谎报数量的现象。

逃税或非法贸易涉及走私与非法生产，可能涉及真货或假货。走私是通过非授权途径产生的产品贸易，走私意味着逃避所有或大部分关税和消费税以及所得税。走私可以是远距离大规模有组织地走私或者跨国走私。大规模走私是大量烟草制品甚至是在其原产国内，被非法运输、分销、销售，而根本不支付任何税款。在运输过程中，出口货物的“过境”状态可以让货物离开出口国而不受税务或关税审核。过境货物在等待继续运输时通常临时存放在一个并非其最终目的地的国家，大规模走私者通常在此将货物转运。造成长距离走私的原因是，主要卷烟生产国的出口价与合法卷烟零售价之间存在巨大价差。相对其他产品而言，卷烟的税赋占了其价格的很大比例（欧盟国家为70% -80%，一些中、低收入国家为55% -60%），而且因为烟制品重量相对较轻，因此烟草制品对走私者特别有吸引力。

走私者与合法商人并非总是泾渭分明。走私者可能是用合法进口掩盖走私、用走私货来降低其合法进口成本的分销商（Fausti，1999；Thursby and Thursby，2000）。几家主要烟草跨国公司已成为数个国际诉讼案件的主角，他们的牵涉程度有所不同：这些公司被控提供走私卷烟，或至少了解其产品流向的非法目的地[29]。

一些证据显示免关税烟草制品的存在已助长了很多国家的非法烟草制品贸易。这些证据包括政府声明和烟草业内部文件（英美烟草公司的坦白书）以及与这个问题相关的其他报道（British American Tobacco，2009；Collin et al.，2004；WHO 2009a；Canadian Cancer Society，2010）。标注为待销售的免关税卷烟可能最终成为走私货，甚至通常在没运到免税店之前就被转入非法分销渠道。

---

29 一些案例可参见 http：//www.ash.org.uk/smuggling/ 或 http：//www.public -i.org/.

很多国家海关官员的报告概述了免关税与非法贸易之间的联系。比如，根据“有组织犯罪和贪污报告项目”（OCCRP）（2008）——一个对东欧和欧亚大陆有组织犯罪和贪污的监控项目——所述，2008 年 7 月，罗马尼亚警方官员称所有走私卷烟的半数是通过边境免税店入境的。民主研究中心——一个致力于民主价值与市场经济研究的跨学科公共政策研究机构——2007 年发表了一篇简短论文，证实了免税店与保加利亚卷烟走私增加之间的联系。为了打击非法贸易，保加利亚（除航空港）和罗马尼亚就此禁止免关税烟草制品销售，并将（从非欧盟国家入境旅客）免关税卷烟进口限额从 200 支减少到 40 支（Sofia News Agency, 2010；Mediafax, 2010）。

有好几种方法被用来估计烟草制品的走私程度，包括依靠专家意见、监控烟草贸易、使用调查数据和经济计量模型比较烟草销售和烟草消费（Merriman et al., 2000）。Joossens et al.（2009）回顾了各种估算，得出结论认为 2007 年前后全球卷烟市场中 11.6% 是非法的。一份由欧盟委员会委托的毕马威（KPMG）研究估计，2004 年非法贸易约占欧盟 25 国烟草市场的 8% –9%（Joossens et al., 2009）。

在计量经济学研究方面，我们没有找到关于欧洲大规模卷烟走私的文献，只有一篇关于非法贩运的研究报告（Merriman et al., 2000）[30]。卷烟走私的证据大多来自北美（Baltagi and Levin, 1986, 1992；Thursby and Thursby, 1991；Galbraith and Kaiserman, 1997）。Yurekli 和 Zhang（2000）的研究显示卷烟市场中长距离走私非常严重，是财政收入流失的重要原因。在世界范围内，1995 年，6% 的已售烟草制品是通过未完税卷烟从合法渠道转入非法渠道走私销售的。Yurekli 和 Sayginsoy（2010）估计 1999 年全球卷烟消费的 3.4% 是走私货。

非正规烟草市场的规模，遑论其组成，是难以评估的，尤其是它还在逐步发展中。在 2000 –2001 年，英国大多数非法卷烟是由本地企业生产的产品，出口到欧洲大陆后又走私回英国。2002 年和 2003 年，英国主要烟草生产商签署了理解备忘录，在该备忘录下他们同意控制供应链。这些协议是自愿的，不具约束性，其有效性取决于生产商的信誉。2006 年，英国修改了法律，设置了高额罚金。此举令英国真货品牌的走私减

30　非法贩运涉及个人或小组织在低税收国家购买超过海关限额的烟草制品，用以在高税收国家不纳税出售（Joossens et al., 2009）。

少了，但是取而代之的是走私冒牌货和廉价的非英国品牌。至于其他烟草制品，走私手卷烟（HRT）的问题依然严重：英国消费的手卷烟一半以上是非法货（ASH，2009）。所以对供应链的控制还有继续改善的余地。

非法生产可能涉及合法厂家的品牌卷烟生产，这些厂家对税务机关只申报了部分产量。这种形式的逃税在埃及、印度（比迪烟）、印度尼西亚、俄罗斯、巴基斯坦和菲律宾等卷烟生产大国很普遍。非法生产还可能涉及本国非法厂商生产冒牌产品，这种情况多发生在俄罗斯和东南亚，多数假烟来自中国。2007 年，世界海关组织（WCO，2007）收到 3 份关于在奥地利、捷克共和国和斯洛伐克发现非法卷烟加工厂的报告。加强合作、交换必要信息和赋予海关更大侦缉权限也许可以捣毁更多的非法生产线。

我们通常通过海关查处非法卷烟的规模和构成来了解非法卷烟市场的构成。但是，被查卷烟可能并不代表整个非法市场。此外，根据被扣卷烟来比较各国的情况意义也不大，因为海关的侦缉技术、报告流程和执法等情况都不尽相同。

非法市场的存在，尤其是达到一定规模后，对消费和税收收入都会产生影响。如果走私卷烟在整个市场中比例很大，那么所有卷烟的平均价格就会下跌，导致消费上涨。随着非法烟草制品变得唾手可得，其在个人消费中所占比例就会提高，吸烟者付出的平均价格就会降低。降价除了影响现有吸烟者的消费，也会影响未来潜在的吸烟者，因为价格越低个人就越容易开始吸烟。证据表明非法烟草制品的购买者多为年轻人，他们多从事低技术或无技术行业，这些人对价格变动更加敏感（West，2008）。结果就是消费的增加会造成更多人死于与吸烟相关的疾病。

大幅度提税，特别是在法律和执法环节薄弱、罚金少、对走私犯起诉时间过长的情况下，更能刺激为追求更高利润而进行的走私活动。提高商品税或者从量税和从价税（Delipalla，2009a，2009b）是否能够在非竞争环境下影响商品的销量或诱发逃税（e. g. Thursby et al.，1991；Thursby and Thursby，2000），目前的文献尚无明确结论。但很明显，加大惩罚力度或提高破案率对逃税有明显的抑制作用。在实践中，贪污通常会使控制逃税更加困难。而且，由于贪污减少了走私的预期成本，更加鼓励了走私。有些政府已经倾向于将征税执法私有化来加强税收系统的效率，他们认为在私有化制度下财政收入的流失会小一些。比如，孟加拉国早在 1991 年就私有化了一部分海关管理。

政府应该要求本地生产的所有烟草制品提供认证识别信息，以便通过分销过程跟踪追查这些产品，并且应该加强政府间在此事上的合作。此识别信息对执法会非常有用，海关可以更容易识别非法产品，并找出那些处在分销链高端的责任人。被抓住的走私者应该处以严厉的行政处罚，这样才能使得惩罚更具时效性和更大力度，也因此才会更有威慑力。

另外，每个国家的工业监管体系都应该增加针对非法烟草制品存在和定价范围的措施，可靠的措施可以减少海关当局估算本国非法贸易程度时对烟草业界的依赖。

西班牙采取了有效措施控制烟草走私，是这方面的表率。西班牙从 1993 – 1994 年到 1996 – 2000 年间，把投资从 400 万欧元提高到了将近 4,000 万欧元（Joossens and Raw，2008），用以加强情报分析，增加海关在边境地区的行动，发展反走私国际合作。其结果是走私卷烟的市场份额从 16% 降低到 2%，而税收收入从 23 亿欧元增长到 52 亿欧元，等于在反走私措施上的每 1 欧元开支对应 68 欧元的税收收入（ASH，2009）。

2000 年，欧盟委员会（EC）把数家烟草公司告上法庭，走私是其中一项指控。2001 年，10 个欧洲国家在意大利带领下参与了这次诉讼。菲利普·莫里斯国际公司（PMI）因为同意在 12 年内支付欧盟委员会 10 亿欧元并控制其品牌以后的走私，所以于 2004 年被免于指控。PMI 开发了特殊的跟踪追查系统并在 2 亿个标准箱上标识了独有代码。意大利的卷烟非法贸易从 20 世纪 90 年代的 15% 降低到 2006 年的 1% – 2%（Joossens and Raw，2008）。从 2008 年起，PMI 在东欧启动了对烟盒的跟踪追查系统。日本烟草国际公司（JTI）在 2007 年签署了类似的协议。2009 年英国也签署了反走私协议。

世界卫生组织认识到，要消除烟草制品的非法贸易，加强国际合作非常重要，烟草控制框架公约（WHO FCTC）成员国建立了一个谈判组织来拟定烟草制品非法贸易协议。谈判于 2008 年 2 月开始，一直在进行中。协议文本草案在 2010 年 11 月呈交世界卫生组织烟草控制框架公约大会第四次会议审议。当前协议草案包括的条款有控制烟草供应链、对违反协议的措施和制裁、促进国际合作与数据共享以及关于协议本身的制度措施。烟草供应链部分的主要内容包括[31]：

31　资料来源：http：//www.who.int/fctc/inb/en/.

- 特许经营（要求所有从事烟草制品生产、设备生产、商业活动、运输和烟草制品主要加工者特许经营）
- 客户识别和验证（谨慎处理）
- 跟踪追查（在烟草制品和用于本地及进口烟草制品生产的设备上，加盖安全且不可移去的标识）
- 记录（烟草商业销售或烟草制品生产、销售、分销、储藏、发货，进口或出口，或用于生产烟草制品的设备）
- 安全与防范措施（确保合法）
- 禁止或根据协议进行互联网及其他以电子通讯为基础的销售
- 在自由贸易区限制、特许经营或者禁止烟草和免关税销售（非法烟草贸易的主要来源）[32]

尽管所有形式的避税与逃税都会影响财政收入和烟草控制，决策者在决定是否以及如何分配资源来防止避税与逃税时，需要知道哪个问题更加重要。比如，当跨境购买与大规模走私并存时，跨境购买可能比大规模走私损害小，因为虽然它鼓励了消费、产生了不必要的运输成本、在政府之间转移了税收收入，但如果购买量低于指定限额，跨境是合法的。相反，走私是非法的，因为除了鼓励吸烟，它还会将财政收入转移给犯罪组织，并产生与暴力或执法相关的成本。

4.3 保护国内品牌

直到20世纪90年代中期，许多国家的政府是各类产品（包括烟草制品）的唯一生产商。政府参与的主要原因之一是保证大部分人有能力购买这些产品。今天，除了少数国家，国有烟草业大部分已经私有化了。中国、泰国、埃及（政府仍拥有52%）、越南、日本（低于49%）、摩尔多瓦和伊朗政府依然全部或部分控制烟草生产与分销。在历史上，国有企业生产卷烟的定价和使用的烟草等级比外国品牌都低很多。

现在，相对于国产的低档、低价烟，政府一般采用差别消费税率，对高档高价烟适用更高的税率，这些烟通常是外国品牌。当提税时，由

32 最近研究显示在英国实行该协议的获利会远远超过其成本（ASH，2009）。

于高档高价烟的价格弹性较低，因此这类产品带来的财政收入比其他品牌卷烟更加稳定。高收入吸烟者更愿意抽高档高价品牌香烟，他们对价格变化的反应比低收入人群小。如表 7 所示，鉴于其市场份额与相应的高税率，各国烟草税收收入中高档品牌卷烟所创税收都占相当大的比例。

表 7　2008 年不同价格等级的卷烟占卷烟消费税收入和卷烟销售量的比重

	巴基斯坦			埃及			土耳其		
	Excise Mil. Rs **	* 消费税收入占比%	销量占比%	GST Mil. LE **	* 消费税 GST 占比%	销量占比%	Excise Mil. TL	* 消费税收入占比%	销量占比%
高档	11, 231	29	10	832	12.2	6.6	3, 129	28	20
中档	24, 266	63	79	990	14.6	14.5	4, 396	40	40
平价	2, 744	7	10	4, 983	73.2	78.9	3, 591	32	41
总额		100	100		100	100		100	100

* 在烟草消费税收入中的比例。

** 在巴基斯坦，消费税收入包括联邦与州消费税。在埃及消费税收入是总销售税。

资料来源：作者使用埃及财政部（2009）、巴基斯坦联邦收入署（FBR）（2009）和 Yurekli et al.（2010）的数据计算。

各国政府也有倾向通过不征税、或者保持很低税率的方式以使大众消费型烟草制品保持相对较低的价格。印度的比迪烟和无烟烟草制品（Sunley，2008；Goodchild，forthcoming），俄国的帕皮洛斯烟和无过滤嘴卷烟（Ross et al.，2008）和埃及的水烟（MoF Egypt，2009）都是如此。有些情况下，由于消费水平低，政府对一些产品（如散装烟草）不征税或征税极低。结果随着税差加大，消费者转向这些产品，越南（Guindon et al.，2010）和波兰（WHO，2009b）就是如此。

4.4 烟草税与可负担性

政府提高烟草税来减少烟草使用对卫生和经济方面的负面影响，所需要考虑的不止是税收的绝对水平，其他商品和服务价格的相应变化也需要考虑在内。烟草税的提高如果不能使烟草制品价格上涨幅度超过其他商品价格的上涨，就会导致烟草制品的价格相对于其他商品的价格而言是下跌（真实价格或去除通货膨胀影响后价格下跌）的。烟草制品名义价格提高但实际价格下跌会导致烟草消费增加，其影响将更加严重。

20 世纪 70 年代的美国就是一个典型的例子。尽管吸烟对健康有负面影响等信息不断被提及且被广泛传播、卷烟的外包装和烟草广告里增加了健康警告标识、禁止在广播里播出烟草广告、包括餐厅和工作场所等公共场所限制吸烟、卷烟名义售价上涨了 53%，但是从 1970 到 1979 年人均卷烟消费依然上涨了 11.4%。增加的消费是在这期间卷烟的实际价格下降 16% 造成的，这主要是因为联邦从量税没有增长，而某些州的从量税小幅度增长不足以跟上通货膨胀的速度。

一些国家将烟草税作为减少烟草使用与改善公共卫生的手段，采取了自动与通货膨胀保持同幅度提高烟草从量税的办法来保持卷烟的实际价格。比如澳大利亚每年调整卷烟税两次，使烟草实际价格在调整通货膨胀影响后得以维系。

类似的，评估烟草制品的可负担性时，收入对于烟草使用的影响也要考虑在内。大多数国家，特别是中低收入国家，烟草制品消费随着收入的提高而增长。其结果是，收入提高导致的烟草使用增加可能会高于提高烟草税而引起的烟草使用的减少。虽然这种现象会比单纯提税带来更多的财政收入，但这也意味着烟草使用及其负面影响的增加而非降低。

这说明当烟草税的主要目标是减少烟草使用时，降低烟草制品的可负担性非常重要，因为可负担性取决于价格和收入两方面。如 Blecher 和 Van Walbeek（2004；2009）的研究发现，高收入国家税率与价格的增长一般高于收入的增长，所以自 1990 年起卷烟的可负担性已经普遍显著下降，有助于这些国家吸烟的减少。相反，在低收入与中低收入国家，税率和价格的增幅小且远远低于收入增长，卷烟（和几乎所有其他烟草制品）的可负担性显著提高。图 12 显示了 5 个国家卷烟可负担性的变化。以 1995 年为基准，估算值大于（小于）1 表示与 1995 年相比卷烟不容易（容易）负担。

图 12　5 个国家的卷烟可负担性

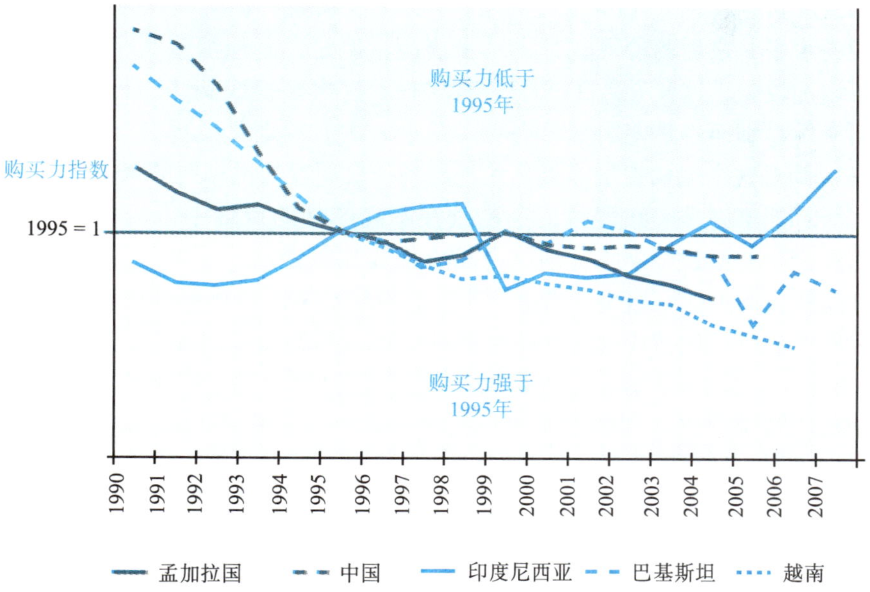

注：可负担性指数是最流行品牌的价格与人均收入之比。

资料来源：世界卫生组织 GTCR 2009。

以中国为例，Hu et al.（2008）的报告指出，1990 到 2005 年间虽然卷烟实际价格翻了一番多，但由于这期间中国收入的迅速增长，卷烟可负担程度却提高了两倍以上。这与相关经济理论是一致的，即可负担性的增长导致了中国的卷烟需求逐步变得越发没有弹性（对价格变化敏感度降低）。此外，卷烟可负担性的提高导致在此期间中国人均卷烟消费增长约 9%。至今，尚无国家采取政策来自动调节烟草制品税收，以防止烟草制品随收入逐步提高而变得更容易负担。

4.5　烟草税与烟草制品替代物

烟草税税率因产品不同而不同，烟草税的变化对烟草产品的价格影响也有不同，因此会引起这些烟草产品间的相互替代（Chaloupka et al.，

2000)。比如，为加入欧盟而提高的卷烟税使波兰的一些吸烟者从机制卷烟改吸自制卷烟（RYO)。这引起自制卷烟税随后提升至接近机制卷烟税的水平，之后两种税收都进一步提高。但是，其他烟草制品税相比之下增加较少，这又导致了进一步替代——这次是换成烟斗，很多消费者用来做卷烟而不是使用烟斗去吸。最近一次波兰烟草税提升（2009 年 3 月）针对这个现象把烟斗烟草税提高到与自制卷烟税相同的水平。

对烟草制品一致课税，令税收在不同产品的价格中占相似的比例，因此税收的增长可令所有烟草产品价格成比例提高——来减少这些产品之间替代的可能。但也要考虑到不同烟草制品需求价格弹性的变化范围，哪些产品可近似替代（交叉价格弹性）以及每种烟草制品的起始税率。

由于一些烟草制品的起始税率可能非常低（或甚至为零），大幅度加税让其税价比与其他烟草制品持平从政治上可能难以实现。在印度，吸比迪烟的是比较穷的人。因此，比迪烟消费者同卷烟消费者相比对价格变化敏感得多（即表现为高得多的需求价格弹性）。烟草制品中不同的需求价格弹性意味着这些产品的价格同比例变化会引起消费的不同变化。

4.6 烟草税与贫困

担心加税给穷人造成负担是对提高烟草税的另一个阻碍。确实，在一些国家，烟草税水平和结构的设计一定程度上就是为了使某些品牌或产品价格低廉，使穷人也负担得起。这样的政策没能“扶贫”，反而令较低收入人群使用更多烟草。其后果是穷人最终承担了不匹配的烟草卫生与经济负担比例，贫富人群烟草使用的不同，解释了他们在健康方面的社会经济差异（Bobak et al. , 2000)。此外，烟草使用能加剧贫困，因为资金花在了烟草制品上，而非用于食品、住房、教育和卫生保健等基本需求（Nargis et al. , forthcoming)。图 13 显示，选定国家中较低社会经济群体由吸烟引起的卫生后果严重得多，导致了这些群体的高死亡率，这也是贫富人群之间健康鸿沟存在的主因。因病误工带来家庭收入损失、烟草使用引起的早逝以及治疗吸烟相关疾病的卫生医疗开支增加都会使这些问题恶化。

图 13　吸烟造成的不同卫生后果

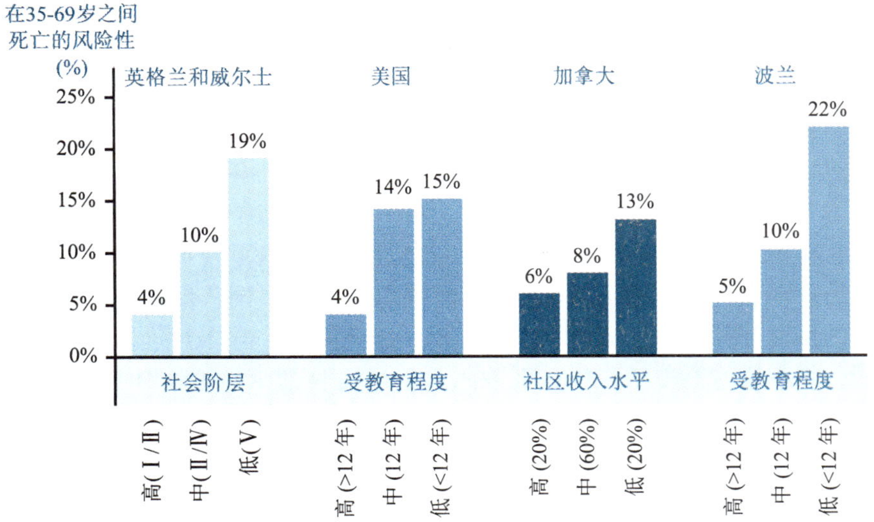

注：1996 年吸烟致使男性死亡率社会性不均衡。假设 1996 年人口死亡率保持不变，数值为 35 岁男性因吸烟死于 35－69 岁的百分率。

资料来源：Jha et al, 2006b.

贫困人群是否承担了更沉重的烟草税负担取决于几个因素，包括税收结构和不同收入阶层的烟草使用模式。当烟草使用的普及程度和消费模式在各收入阶层之间接近，而且各种烟草制品的税收也类似时，由于贫穷人群支付的烟草税占其收入比例要比富有人群高，烟草税一般是递减的。在贫困人群的烟草消费比高收入人群多的国家，烟草税的递减性更为显著。但是，在消费水平随收入增长和/或高收入群体消费的产品税额也较高的国家，烟草税递减幅度可以较小，甚至于递增。

同样的，贫困人群是否承担了更沉重的税负取决于贫困人群与富有人群的烟草使用对提税做出怎样的变化。同经济学理论吻合，越来越多国家的研究普遍发现，烟草使用的价格弹性在一国各社会经济群体之间有很大差异，低收入人群的烟草使用对价格的敏感程度大大高于高收入群体的烟草使用。比如，Sayginsoy et al. （2002） 估测保加利亚低、中、高收入人口的卷烟需求弹性分别为－1.33，－1.00 和－0.52。同样，van Walbeek（2002） 估测南非的卷烟需求弹性按照收入四分位数的分布为从

最低的 -1.39 到最高的 -0.81。Adoietomo et al.（2005）估测印度尼西亚低、中、高收入人群的卷烟需求弹性为 -0.67，-0.33 和 -0.31。这些估测表明烟税提高会减少最低收入人群的烟草使用，但对较高收入人群的作用较小。

由于较低社会经济群体对卫生教育的重视低于较高社会经济群体，通过税收提高卷烟的实际开支可以帮助减少不同社会经济群体间吸烟流行率和吸烟相关疾病的差异（e. g. Townsend et al.，1994）。

鉴于这些发现，即使烟草税本身是递减的，烟草税提高却是可以递增的。根据现有证据，Nargis 和他同事们归纳了泰国、保加利亚和土耳其的情况（即将出版）。其研究显示，由于各收入群体对价格反应的不同，烟草税的提高使各国最低收入人群所支付的烟草税总体比例下降，而最高收入群体支付的比例提高。另外，由于贫困人群烟草使用相对有较大幅度的减少，他们会从提税中获得更多的卫生与经济福利。

另外，当考虑到自律问题即个人在当前消费获得即刻满足与长远需要之间没有做出优化选择而导致的烟草制品过度消费，也考虑到减少烟草消费的获益时，税收的递减会变弱，甚至可能会递增（Gruber and Koszegi，2008）。贫困与富有人群在烟草使用方面对价格反应差异越大就越是如此；由于贫困人群价格弹性更高，他们从税收引发的消费减少而获取的福利比富有人群要大得多。

Gruber 和 Koszegi（2008）对美国的研究发现，收入最低的 25% 的人群其卷烟开销占其收入比是最高收入的 25% 的人群的 10 倍，而且他们估计穷人与富人相比，其卷烟需求对价格的反应要大得多。在这种情况下，就吸烟者行为的时间不一致性程度这个似乎合理的假设（即刻满足与长远利益区别的程度）而言，卷烟税累进性相当大。在大多数中低收入国家，收入不同导致的烟草制品消费不同不甚显著，这些国家的证据表明穷人比富人对价格更加敏感，烟草税很可能累进程度更大。

最后，提高烟草税对贫困人群的影响这个疑虑一直存在，对此各国政府可以通过把提税所得新增财政收入给贫困人群提供更多福利的方式解决这个问题。在此意义上，烟草税收成为扶贫政策，越来越多的政府把部分烟草税收收入专门用于助贫。比如，埃及正在考虑提高卷烟税，用取得的财政收入扩大健康保险覆盖范围和改善贫困人群的卫生服务。土耳其最近加税后，政府也在考虑使用部分额外财政收入扩大卫生覆盖及改善卫生服务，而这些都造福于贫困人群。

4.7　提高烟草税与通货膨胀

卷烟和其他烟草制品税增加对通货膨胀的影响有时被人用作反对烟草提税的借口。在工资和/或大量政府支出（例如公共养老金）与通货膨胀挂钩的国家中以及/或者政府政策旨在保持低通货膨胀率的国家，情况可能确实如此。

烟草制品税收增加加速通货膨胀的程度取决于几个因素，最主要的是税赋在价格中的比例和计算价格指数时给予烟草价格的权重。如果税负占烟草制品价格的比重为 25%，税负加倍（百分之百的增加）会把价格提高 25%。如果价格指数中给烟草制品的权重是 3%，对应提税价格指数会提高 0.75%。当烟草税在烟草制品价格中所占比例较大时，加税的通货膨胀作用也就更大。同样的，在计算价格指数时给予烟草制品的权重越大，给定加税对通货膨胀的作用也就越大。对大多数国家而言，烟税增加导致的通货膨胀影响还是相对较小的。表 8 通过检验各种税级组合（按照占价格的百分比）与价格指数中烟草权重，揭示了烟草税对通货膨胀的影响一般较小。

居民消费价格指数具有多重目的。居民消费价格指数是大多数国家的重要经济指标，且通常是货币政策的关键决定因素。通货膨胀率直接作用于利率和汇率。在很多国家，工资、社会保险福利和其他福利金的变更都与通货膨胀相连，用价格指数来衡量。在一些国家，各种税收与价格指数挂钩。比如，美国每年调整所得税篮子来反映居民消费价格的变化，而澳大利亚和新西兰则定期提高卷烟税使之与通货膨胀同步。价格指数可用来更加精确地比较开支、收入与特定商品价格的逐步变化，也用于多个国家间的比较。

鉴于居民消费价格指数的诸多用处和烟草税增加的潜在通货膨胀影响，一些政府为某些目的把烟草（有时是其他商品）从消费价格指数计算中剔除。从 1992 年起，法国从用于调整最低工资的价格指数中剔除了烟草制品。对于其在各种福利金指标中的运用，一些政府去除了各种他们认为不必要或不恰当产品的价格，其中包括酒精饮料、赌博和烟草。从 1991 年起，卢森堡从其居民消费价格指数中去除了烟草制品、烈性酒和“按工资比例调整的某些服务”。但是，到目前为止，虽然很多国家报告的居民消费价格指数里不包括烟草制品，其最广泛使用的指数中

表 8 烟草税增加对通货膨胀的影响

税负在价格中的比例			价格指数中烟草权重			通货膨胀影响		
低（<40%）	中（40－70%）	高（>70%）	低（<2%）	中（2－4%）	高（4－8%）	低（<1.0%）	中（1－2.5%）	高（>2.5%）
×			×			×		
	×		×			×		
		×	×			×		
×				×		×		
	×			×			×	
		×		×			×	
×					×		×	
	×				×		×	
		×			×			×

注：计算通货膨胀影响使用的是税收与烟草权重范围的中间值。

资料来源：作者的模拟计算。

（包括用于工资、养老金和其他支出的指数）依然包括烟草制品。

由于担心提税而引发通货膨胀，阻碍了烟草税的增加，将烟草制品从开发关键价格指数的商品篮子中剔除出去可以大大减少这种顾虑。另外，有人注意到把烟草制品纳入关键价格指数会导致许多消费者价格尺度扭曲，尤其是在那些使用这些产品的人口较少且不断减少的国家。同样的，由于很多国家用于计算价格指数的权重经常变化，烟草制品税收提高会导致通货膨胀而言过其实，因为税收提高会令这些产品的消费降低。最后，有人认为从价格指数中去除烟草制品会提高烟草税增加的公共卫生作用，给那些工资或福利金与通货膨胀挂钩的使用者一点缓冲（Alchin，1995）。

4.8　烟草税与就业

烟草加税的反对者往往认为加税会导致失业，指出很多人受雇于烟草种植、加工和分销行业。但是，如 Warner（2000）指出，烟草存在的经济性并不意味着对烟草的经济性依赖。很多工作都被用来估计烟草业对经济的贡献，其实这些工作距离依赖烟草甚远，而仅是在一些有限的情况下，通常是间接地涉及烟草（比如销售烟草制品与很多其他商品的零售商，或者生产耕种设备的重型设备行业的工作）。同样的，一些估计包括了所谓的"支出引发的就业"——收入来自划分为烟草相关工作的从业者，其消费所带来的就业。一般来说，只有烟草种植（一般是兼职且烟草只是多种作物之一）、烟叶烘干和存储（这只涉及很少岗位）以及烟草制品加工方面的就业才是真正依赖烟草的。

在大多数国家，随着耕种技术的提高和烟草制造商采用了新的资本密集型生产模式，烟草依赖行业的就业一直在逐步减少。在一些国家，烟叶和/或烟草制品进口的增长已经导致本国烟草依赖行业的就业减少。对大多数国家而言，这些原因导致的烟草依赖行业的失业超过了任何高额税收和其他烟草控制措施造成的失业（Lei et al.，即将出版）。

更重要的是，高额烟草税使烟草制品需求减少，由此引发的任何烟草依赖性就业损失会被其他行业的新职位抵消。加税后烟草使用者因戒烟而没有花费的钱，或者在烟草制品上少花的钱，不会从经济中消失，而是会花费在其他商品和服务上，在这些行业创造就业机会增加。比如，高额税收在印度对就业的影响预计不会很大，因为印度经济的增长和预料中烟草相关就业的缓慢减少，同时随着原本花费在烟草上的资金开支于其他商品和服务，令其他行业就业增加（John et al.，2010）。同样地，政府使用加税带来的新增税收收入会在其他行业创造就业机会。多项研究已经表明，烟草税收的增加或其他烟草控制措施的实施不会导致净失业；在许多国家，随着开支转移到劳动力更密集的商品和服务，这些努力会带来就业净增长（Lei，et al.，即将出版；Jacobs，et al.，2000）。那些进口烟叶和/或烟草制品比例较大的国家尤其如此，因为花费在烟草制品上的钱会流出这些国家，而不会因为加税或其他烟草控制措施而把钱花费在替代烟草支出的方面。

甚至全球的烟草税增加都不会对大多数国家的烟草依赖性就业造成

显著影响。对少数几个确实严重依赖烟叶出口的农业国家（比如马拉维共和国），烟草制品全球需求急剧、即刻的减少可能会导致短期内的严重失业。但由于当前全球需求的增长趋势，高额税收和其他烟草控制措施不太可能导致需求短期内大幅下跌，而是近期内增长减缓，随后才是长期的需求缓慢下降。这意味着这些国家很多年内不会出现失业，有时间从烟草逐步过渡到其他作物种植。

那些纠结于烟草税增加对本国烟草依赖性行业就业影响的国家，可以采取缓和从烟草种植与加工到其他经济活动过渡的方案来缓解这些顾虑。支持农民作物多样化的方案，与烟草制品加工从业者的再培训方案，可以很容易地从烟草制品税收提高带来新增财政收入中取得一小部分作为资金。比如土耳其，作为预期国家卷烟垄断私有化政府资助的“替代作物方案”，已经有效地使很多烟农改种其他作物（Yurekli et al.，2010）。

4.9 烟草税与减少伤害

今天市场上有各种各样的烟草制品，而新产品看起来还在不断涌现（详见 www. tobaccoproducts. org）。这些产品可以分为两个大类：可燃类（点燃吸食）产品和非可燃类（通常口服）产品。在一些国家，两类产品已经成系列地存在了很多年，而在少数几个国家中，机制卷烟只占整个烟草使用相对较小比例。比如印度，吸烟者使用比迪烟（手工卷制在天度烟叶中的干烟草）远远多于机制卷烟，很大部分人咀嚼本地烟丝；在印度尼西亚，丁香卷烟吸食广泛；而在很多中东国家，烟草水烟吸食很普遍（比如 hookah 或者 shisha）。

近年来，尤其是在高收入国家，随着烟草工业向市场引入“低风险”产品，现有产品的种类已有了相当的拓展。比如一些新型卷烟声称减少了烟雾含有的致癌物质，而另一些则称焦油、尼古丁和/或一氧化碳的释放非常少。很多新型非可燃类产品也如此投放市场，包括瑞典火柴公司的“snus”（一种湿润型鼻烟产品，通过一种被认为可以大量减少致癌物质的方法固化的烟草）和硬糖、可溶性烟条、烟草口香糖和其他产品。同时，现有的一些散发尼古丁的非烟草制品种类也有增加，有那些用于戒烟的产品（尼古丁口香糖，贴片，吸入喷管等）和“电子卷烟”

（一种通过混合空气和水蒸气来散发尼古丁的电池驱动设备）。

鉴于经历过有过滤嘴的、低焦油、低尼古丁卷烟的市场化，各国政府已经在为如何规范这些产品而努力，一直不愿意允许这些产品作为危害较小的产品进入市场。研究明确显示吸烟者的认知，例如低焦油、低尼古丁卷烟比普通卷烟更安全，导致很多本来会戒烟的人继续吸烟。在焦油和尼古丁的机械测量出现了几十年后，很明确的是这种测量并不反映人体反应，而这些卷烟也不比普通卷烟安全。

现有烟草制品的种类已经导致有人建议对烟草区别征税，对卫生威胁较大的产品加重税收，而对那些认为较安全的产品降低税收等级（或者不征税）。比如，Harris（1980）提出，通过鼓励吸烟者从高焦油/尼古丁品牌转向低焦油/尼古丁品牌，假设后者危害较小，那么根据焦油和尼古丁含量区别征税可以促进公众卫生。但是，鉴于我们现在所知的这些卷烟的相对风险，那么很显然这样的政策弊大于利，因为它可能把更多吸烟者留在市场中，消费他们以为比较安全的产品。

到目前为止，各种烟草制品（如有过滤嘴与无过滤嘴的卷烟，或有烟与无烟产品）的区别征税看来并非出于推广减少伤害这个动机。区别税收的存在，其动机更多的是针对跨国公司（如生产过滤嘴卷烟的厂商，以保护本国生产者如生产无过滤嘴卷烟的厂商，或者增加财政收入，如对较高收入、价格弹性低的消费者使用的机制卷烟征收的税款高于对收入较低、价格敏感度高的吸烟者所吸食的手卷比迪烟的征税）。

认识到过去的假象和当前的不确定因素，设计一个对人们认为较安全的产品有利、对危害较大产品不利的烟草税收制度，目前还需要等待明确的伤害降低证据，这样对使用这些产品的个人与一般人群的公共卫生都有益。

4.10　烟草税财政收入、卫生开支和烟草税收入指定用途

卫生医疗系统的融资在大多数国家是非常关键的，因为这关系到改善卫生医疗的可及性与卫生医疗的服务质量。这也减少了疾病与疾病致死的高额经济成本风险。在中、低收入国家，由于大比例的自费卫生医

疗开支以及由此带给贫困家庭的经济困难，融资已经成为医疗改革的中心问题（Prakongsai et al. , 2008）。

在卫生医疗融资中使用政府税收收入支付卫生服务开支是近年来的创新。直到20世纪中期，医疗服务自费支出的主要替代办法是私人慈善基金、公积金或者社会保险计划（例如疾病基金）（WHO, 2004）。在烟草制品方面，把烟草税收收入指定用途（通过立法）或者专项使用（政府承诺但无需立法，比指定用途更灵活）于卫生目的，可以看作是一个矫正烟草使用负面结果的途径。

专款专用可以根据两个条件分类。首先，根据税收与其融资的开支之间的联系：强或紧的联系意味着财政收入的全部或大部分用于一项专门开支，而该项开支不从其他财政来源（例如一般基金）获得（主要）资金。薄弱或者松散的联系意味着只有部分税收收益用于考虑之中的开支，而且/或者该项开支（主要）从其他财政来源获得融资。其次，根据开支的融资类型，专款专用可以是特定/狭义的（例如公共企业提供的服务）或者宽泛/广义的（例如社会保险，教育）。反对专款专用的主要论点是专款专用可能带来预算过程死板，限制了资金用于其他目的，阻碍资源的最佳分配从而降低社会福利水平。

布坎南（Buchanan , 1963）的研究表明，以中间选民和纳税人（而非财政当局）在税收开支过程为决策者的假设开始，显示了指定用途是可行的。如果让选民投票，通过特定的税收为特定的公共产品/公共服务筹资，与通过一揽子税收为一揽子公共产品/公共服务筹资相比，选民对前者的投票更能反映其真实意愿。自布坎南之后，不少经济学家已说明为何某些类型的指定用途是可行的或者在实践中确实存在的。比如，Pirttilä（1998）认为把从矫正环境税而来的财政收入指定用途来补偿那些因此项税收受到最大损害者可能是可行的。Marsiliani 和 Renstrom（2000）认为，在环境税收政策中存在时间不一致问题时，指定用途可以作为一种承诺机制：可以阻止以后政客取消或削减这项税收，因为其用途被指定用于一项可行的开支项目。同时，Brett 和 Keen（2000）将指定用途解释为一种工具，一个弱势现任政客以此来锁定某些赋税收入（来自环境庇古税）用途并防止以后的政客改变这项用途。Dhillon 和 Perroni（2001）认为指定用途税是合理的，因为它改善了个人对政府开支的监控。

指定税收用途在现代公共财政中的获益和使用者收费原则上找到了

其最有力的支持。根据这个原则，烟草税必须由那些从烟草相关卫生服务中获益的人缴纳，而此条件是不可能满足的，因为不是所有烟草吸食者都会患有烟草相关的疾病，而烟草税收收入可能不足以为开支需要融资。但有争议说税收可以采取强制卫生供款的方式来给烟草相关疾病的健康保险项目融资。这个理由有两个弱点：第一，它没有说明为何烟草相关卫生服务应该由特定保险机制，而非一个全面覆盖所有卫生服务的机制来提供资金。比如，埃及强制实施了每包卷烟0.10埃及镑的税款来为部分健康保险项目融资，而不是给烟草相关疾病指定一个专项保险。第二，这种机制下的卫生开支可能必须狭义定义，比如，卫生开支可能不包括用于防止吸烟的开支。

所以，专款专用或专项使用烟草税收入用于卫生系统是更合理的。烟草税收入在一些国家相当巨大，并能为医疗卫生提供重要资源，在资源匮乏的低收入国家中尤其如此。世界卫生组织的预测显示，在刚果民主共和国、巴基斯坦或越南等国家，来自消费税的当前财政收入（2008年数据）是政府卫生开支的50%以上。甚至税收增加而带来的财政收入专款专用于卫生项目也是内部筹资的有效途径，同时解决了任何对此类加税的政治反对意见。消费税提高50%，可以把22个低收入国家（据其现有数据）的消费税收入提高33%。仅此额外财政收入就相当于这些国家公共卫生开支的29%。在消费非常高的地方，烟草消费税收入有时几乎相当于政府的公共卫生开支。2008年，消费税提高50%所得到的卷烟消费税收入分别相当于巴基斯坦和越南政府公共卫生开支的31%和26%（WHO，2010）。

一些政府把烟草税指定用途。比如，美国几个州政府（主要是加利福尼亚州、马萨诸塞州、亚利桑那州和俄勒冈州）和几个国家（比如厄瓜多尔、埃及、爱沙尼亚、芬兰、冰岛、印度、韩国、尼泊尔和泰国）指定其部分或者全部烟草税收入用于不同目的。在卫生项目方面，主要包括烟草控制和/或卫生促进。全世界超过20个国家实行指定烟草税用于卫生目的（WHO，2009c）。在加利福尼亚州，消费税的57%资助儿童与家庭第一信托基金，29%开支于卫生教育、医院服务、内科服务与研究，而另外2%的消费税为乳腺癌基金融资。由于加利福尼亚州烟草税指定用途的成功，类似的情况也在肯塔基州（主要用于癌症研究）、路易斯安那州（主要用于烟草预防）、马萨诸塞（主要是健康保险）和俄勒冈州（主要为卫生基金）出现。加利福尼亚州的研究发现，税收的提高和由加税融资的烟草控制活动的增加使卷烟消费减少（Flewelling et al.，1992；Keeler et al.，1996）。

尼泊尔对（国产的或进口的）每支机制卷烟征收2派萨（Paisa）的卫生税。这项税收的财政收入被指定用于癌症控制。其他类型融资的活动包括社会与卫生项目（阿根廷、哥斯达黎加、牙买加、巴拿马、蒙古、菲律宾），儿童、老人和残障人士保护项目（哥斯达黎加），教育项目（哥斯达黎加、冰岛、韩国），急救项目（萨尔瓦多、巴拉圭），体育活动（哥伦比亚、爱沙尼亚，瑞典在一定范围内也采取此种做法）。澳大利亚的部分州和新西兰使用烟草税收入资助过去由烟草工业赞助的体育和艺术活动。

在烟草（和酒类）税收指定用途方面，泰国可能是最成功的例子。2001年，泰国政府通过了卫生促进基金法案，从而建立了泰卫促进基金（ThaiHealth Promotion Foundation）。泰卫收到了全国酒类和烟草制品全部税收收入的2%，大约合每年3500万美元。泰卫作为催化剂运作并支持那些已经致力于公众卫生问题的群体和组织，它每年直接对内阁和议会报告。泰卫的成功激发了其他国家采取或考虑制定同样的政策。蒙古和汤加已经建立了与泰卫一样的结构并且在制定政策过程中接受了泰卫的技术协助。

附表5总结了各个国家中央和次中央级政府的烟草税收收入指定用途的情况。正如所料，财政收入与开支的联系薄弱，大多数国家只有部分烟草收入指定用于开支项目。世界卫生组织欧洲区现有的53个国家中，有9个国家指定税收用于烟草控制和其他公众卫生措施，平均拨款水平低于全部税收收入的5%（WHO，2009c）。另外，这些项目趋于广义定义，如卫生、教育和社会保障。支持广泛卫生和社会服务（如其他疾病项目）的指定用途资金扩大了烟草控制的政治基础与全民社会支持基础。在澳大利亚历史上，体育和教育部在广泛的政治支持帮助下说服财政部提高烟草税是可行的，而且在指定用途税立法后，财政部还进一步提高了烟草税但并没有指定其用途（Galbally，1997）。只有少数几个国家指定烟草税收入用于烟草控制活动和癌症治疗，而这些可以看作狭义定义的开支项目。

把烟草税收收入专门用于给最贫困社会经济人群的其他卫生项目可以产生双倍卫生收益——烟草消费减少和提高卫生服务的可及与使用。在中国，卷烟税提高10%会使烟草消费量下降5%，政府财政收入增加

5%。增加的收入可以为中国（1990 年）最贫困的 1 亿公民中的 1/3 提供一揽子基本卫生服务所需的资金（Saxenian and McGreevey，1996）。

对于各国，尤其是卫生保障低的中、低收入国家而言，烟草消费税收入根据政治支持无论是指定用途还是专项使用，都能为最迫切的公共卫生开支提供重要的资金来源。

第 5 章 烟草税的最佳政策实践

本章讲述烟草税收政策在实践中的最佳操作问题，在强调烟草税的公共卫生作用的同时，也承认烟草税收在财政收入方面的重要性。基于上文提及的经验证据积累和发表的文献，这些最佳实践是多数国家可以立即操作的指南。对很多国家而言，这里描述的最佳政策实践会与当前烟草税实践有很大不同，需要一些过渡策略。下文所述的最佳政策实践包括一些对有效过渡策略的讨论。

用提高烟草消费税来达到减少烟草使用造成的死亡与疾病的公共卫生目标

大量的经济和其他方面的研究已清楚地说明，较高烟草制品税收和价格对降低烟草使用及其后果的有效性，尤其是在贫困人群和青少年中间。同时，提高烟草消费税可以在中短期内持续新增大量财政收入。从长远来看，烟草税收的持续提高并且结合其他被经验证实的烟草控制政策和项目的实施，可以更大幅度减少烟草使用及其后果，而最终，税收收入也会降低。

设定烟草消费税水平，使之至少达到烟草制品零售价格的百分之七十

几乎所有国家的烟草消费税（或其他对烟草制品的专门税收）都不到零售价的70%，税负占零售价尚不及一半。提高烟草税使之至少占零售价的70%可以使价格大幅度提高，促使众多当前吸烟者戒烟，阻止无数青少年吸烟，令烟草使用造成的死亡与疾病大幅度减少。同时，消费税提高会令烟草税收收入大幅度增长。重要的是，此项最佳实践针对烟草消费税（或者其他烟草专门税）而非针对烟草制品征收的所有税收，因为这才是使烟草制品价格相对其他商品和服务价格提高的税种，从而最终减少烟草使用。在那些已经达到了这个界限的国家，进一步提高烟草税要与下文所述的其他实践一致才恰当。

越简单越好

复杂的税收结构更难管理，造成更多避税和逃税机会，且在取得公共卫生和财政收入目标上也不甚有效。简化烟草消费税结构可以简化税收管理，减少避税和逃税并提高财政收入，而且通过减少不同烟草制品/品牌之间因加税而替换的诱惑，对烟草使用有更大影响。在税收结构复杂的国家，恰当的过渡策略包括逐步减少税收差异，对特定的烟草制品实施单一的统一税率。使用从价多级税率的国家应逐步减少税率层级数，最终实现单一的统一税率。同样，那些根据产品特点征收不同级次税率的国家应减少、且最终取消这些差别税率。

随着消费税在零售价中比例的提高，应更多依靠烟草从量消费税

通过缩小高档烟与低价替代品间的价格差距与限制吸烟者加税后改抽低档烟的机会，更多依靠从量消费税可以使烟草税对公共卫生的作用最大化。对指定烟草制品的所有品牌采用同样的从量税可发出明确的信息，即所有产品同样有害。对当前依靠从价税或从价与从量混合税制的国家而言，恰当的第一步，要对所有品牌征收大幅从量税后再加收从价税。随着从量税更大幅度提高，可以逐步降低从价税率，提高税价比，使从量税在全部消费税中占较大比例。

更多依靠消费税而非进口关税

由于各国纷纷加入双边、地区和全球贸易协定，进口关税使较高财政收入与提高零售价方面的有效性一直在不断降低。于是，依靠从量烟草消费税可以确保烟草税收收入的可持续性。对那些现在主要依靠烟草制品进口关税的国家，恰当的过渡策略可以逐步减少进口关税，同时提高从量烟草消费税，烟草制品全部税收就会一直增加。

对所有烟草制品征收同比税负并且同时提税

只对某些烟草制品提高消费税会引起其他烟草制品相对价格的变化，诱使吸烟者转向相对较便宜的产品作为替代品。其结果就是烟草使用减少的总量小于按照同比水平提高所有制品税负可能形成的削减量。所有烟草制品税收同比增长可以尽量减少卷烟间的替代，从而尽量增加烟草税带来的对公共卫生的影响。同样的，提高所有烟草制品税收比部分产品选择性提税会增加更多的烟草税收入。

取消烟草制品的免国内税与免关税销售

世界卫生组织烟草控制框架公约第6章呼吁“酌情禁止或限制向国际旅行者销售和/或由其进口免除国内税和关税的烟草制品”。通过提高所有烟草制品的价格并减少避税机会，可以加强高额税收对公共卫生的作用，且同时增加更多财政收入。

以创收为目的，依靠提高烟草税来取得财政收入增长

工业价格增加（当课税为从价税时）或者销量增加将会造成烟草税收收入增长，但税收提高在达到公共卫生目标方面更有效，且会在中、短期导致新增财政收入。依靠提高销量来增加财政收入会令烟草使用的公共卫生后果恶化。依靠工业价格提高来取得财政收入增长，由于对工业价格策略的依赖，会导致烟草税收收入逐步变得更难预测、更不稳定。

随通货膨胀自动调节从量烟草税

除非定期调整，从量烟草税的真实价值会随着一般价格水平提高而逐步降低。此时，烟草税收收入的真实价值就会降低，而税收在减少烟草使用方面的有效性会缩减。对此各国政府可以通过建立与通货膨胀同步的自动调节从量税收机制来加以避免。至今，只有澳大利亚和新西兰采取了这个办法。对于较低的通货膨胀，每年调整一次应该足够；而对较高的通货膨胀，就需要更经常地加以调整。

烟草税增加应充分，以降低烟草制品的可负担性

为了最大程度地提高增加烟草税的公共卫生作用，同时取得较高的财政收入，各国政府应加税以提高价格并降低烟草制品的可负担性。在很多中、低收入国家，烟草使用量随收入而提高，而收入提高速度比烟草制品价格快会令这些产品变得更容易负担。为了降低可负担性，税收增加需要引起实际价格的提高大于实际收入的增加。

将提高烟草消费税纳入减少烟草使用的综合策略中来

各国政府应该采取包括减少成人烟草使用和防止青少年烟草使用在内的全面烟草控制策略。除了高额烟草税，这样的策略应该包含其他减少烟草使用的干预政策，包括但不局限于：全面无烟空气政策、完全禁止烟草公司市场活动、对烟草使用后果的严厉警告、帮助当前吸烟者戒烟的广泛努力、大众媒体公众教育活动。实施综合策略来减少烟草使用可以更大幅度减轻烟草使用的后果，建立对高额税收的公众与政治支持，并使加税在取得公共卫生目标方面的有效性最大化。

使用部分烟草税收收入支持其他烟草控制和/或公共卫生宣传活动

大幅度提高烟草制品消费税导致大量新增财政收入，可以用来支持各种活动，包括其他控烟干预手段和促进健康宣传活动。经验证据显示，使用税收或其他财政收入资助烟草控制项目比仅仅加税能更大幅度地降低烟草使用量。许多国家的经验已表明，当至少有部分增长的财政收入用于支持卫生方面的项目时，对高额烟草税的公众支持力度会更大。烟草税在多数国家带来的财政收入是烟草控制活动开支的成百上千倍，给烟草控制项目资金的增加留有相当大的空间。虽然硬性指定烟草税收收入用于烟草控制和其他卫生宣传项目可能在一些国家不可行，软性指定用途应该对所有国家都是可能的。

不要把某些烟草制品的低税、低价格视为“扶贫”政策

在某些产品上保持低烟草税和低价格，以此来保证贫困人群对这些产品的可负担性，并非扶贫政策。相反，这会导致贫困人群使用更多的烟草，令他们负担不相称的因烟草使用带来的健康与经济后果，增加将来贫困的可能性。对所有烟草制品征收高额烟草税可令贫困人群烟草使用减少更多，并带来健康与经济福利的累进分配，才是真正的“扶贫”政策。

不要让关于较高烟草税的累退性忧虑妨碍烟草税的提高

尽管根据传统的计算纳税负担的方法，烟草税具有累退性，但如果考虑到贫困人群的价格敏感度较高和烟草使用相关的内在因素，烟草税也有可能会是累进的。即使使用传统的纳税负担方法计算，鉴于不同收入群体对价格反应不同，较高税收会增加高收入群体支付的烟草税整体份额，因此税收的增加也是累进的。特别担心烟草消费税累退性的国家可以在高额从量烟草消费税之上使用因价税。就税收增加对贫困人群影响的担忧依然存在，可以使用因提税而带来的财政收入支持帮助贫困烟草使用者戒烟、其他针对贫困人群的卫生宣传活动、和/或其他针对贫困人群的项目等来弥补。

不要让影响就业的观念阻止烟草税提高

国内烟草税提高后，烟草依赖性就业会减少，由于在烟草制品上的开支可以用于其他商品和服务开支，这种就业的减少会通过其他行业就业的增加得到补偿。鉴于多数国家烟草制品加工业属于资本密集型产业，税收提高后可能不会对就业有净影响，甚至就业会有小幅提高。由于担忧烟草依赖行业的失业情况，可以使用新增烟草税收入的一部分来帮助烟农改种其他作物和/或重新培训烟草制品加工从业者在其他行业就业，这样会大幅度减少这种担忧。

不要因担心高额烟草税对通膨的作用而阻碍税收增加

在大多数国家，无论烟草税在烟草制品价格中比例相对较低，还是在计算国家价格指数时给予烟草制品价格的权重较低，都意味着烟草税收增加一般对通货膨胀作用很小。由于工资或者一些政府支出可能与价格指数绑定，对于烟草税提高会影响通货膨胀的担忧，政府可以通过使用不包括烟草制品价格的指数——如欧盟的建议以及在法国实施的情况（用以调节最低工资的指数），来减少这些顾虑。

加强烟草税收管理当局的能力，监控烟草制品市场和评估烟草税增加的影响

无论烟草制造商和税务管理当局间的税务系统如何完善，税务当局应该做到“信任但验证”。这需要建立完善的、采用新技术监控烟草制品生产与分销、并且包括产品在分销链中移动时对其产品数量控制的监控体系。另外，税务当局应定期审计纳税者账簿。如果没有，应建立烟草征税部门。这个部门应同海关协作，尽量使违法行为减少并监控贸易。该部门还应维护并更新一个全面数据库来介入烟草制品市场，承担烟草制品需求分析，并评估当前烟草消费税以及这些税收增加的作用。这些努力和临近国家、本地区及全球组织的税务当局合作与协作时会最有效。

采用新技术强化烟草税收管理，使避税逃税最小化

税收管理当局应采用最新技术来提高税款征收效率，使避税逃税最小化。这些新技术包括更高级的难以伪造的税章，和可以用来在分销链中跟踪烟草制品的跟踪侦查系统。独立于烟草制造商填写的申报之外，税务当局应有接触生产层面并精确预估生产商税务责任的能力。如需要，可少量增加烟草消费税为采用这些技术提供资金；就大多数国家而言，通过采用这些技术而回收的潜在漏税产品的财政收入要多于其支付的成本。

加强烟草税收管理能力，实行所有烟草制品加工与分销特许经营制度

对所有涉及烟草生产与分销者采取特许经营制度有助于监控烟草制品市场，易于确认非法烟草制品，并提高确认与惩处逃税者的管理能力。此措施最好结合上文讨论的技术措施。

确保对被抓到的烟草制品非法贸易者采取明确、迅捷且严厉的惩罚

经济学理论和经验证据表明，加强对非法行为的惩处可减少犯罪。有力的烟草税收执法可以提高抓到从事烟草制品非法贸易者的可能性，而高额行政处罚可以提高对这类非法活动惩罚的迅捷性和严厉性。对过去未纳税产品征税增加，强化执法保证了收入大于由此产生的支出。那些显著提高了执法和惩罚力度的国家已有效地减少了烟草制品非法贸易。当他们“追查大鱼”——那些从事非法烟草贸易活动者时更是有效，而非专注在分销链末端。

结论

烟草消费税是保护公共卫生的有力工具，同时也是保证政府财政收入的有效来源。以上提及的最佳政策实践可以帮助政府减少烟草使用及其后果，并产生烟草税最大的作用，同时加强这些税收的财政收入增加能力。随着政府开始从当前的实践过渡到“最佳实践”，我们可以获取更多知识，而最佳政策实践也将更加趋于完善。

附录

世界卫生组织烟草控制框架公约第 6 条：价格和税收措施减少烟草需求

1. 缔约各方认可价格和税收措施是在各个年龄段的人群中，尤其是青少年中，有效而重要的减少烟草消费的工具。

2. 在不损害各缔约方决定和制定其税收政策的主权时，每一缔约方宜考虑其有关烟草控制的国家卫生目标，并酌情采取或维持可包括以下方面的措施：

- 对烟草制品实施税收政策并在适宜时实施价格政策，以促进旨在减少烟草消费的卫生目标；
- 酌情禁止或限制向国际旅行者销售和/或由其进口免除国内税和关税的烟草制品。

3. 各缔约方应根据第 21 条在向缔约方会议提交的定期报告中提供烟草制品税率及烟草消费趋势。

世界卫生组织烟草控制框架公约第 15 条：烟草制品非法贸易

1. 各缔约方认识到消除一切形式的烟草制品非法贸易，包括走私、非法生产和假冒以及制定和实施除次区域、区域和全球协定之外的有关国家法律，是烟草控制的基本组成部分。

2. 每一缔约方应采取和执行有效的立法、实施、行政或其他措施，以确保所有烟草制品每盒和单位包装以及此类制品的任何外包装有标志以协助各缔约方确定烟草制品的来源，并且根据国家法律和有关的双边或多边协定协助各缔约方确定转移地点并监测、记录和控制烟草制品的流通及其法律地位。此外，每一缔约方应：

- 要求在其国内市场用于零售和批发的烟草制品的每盒和单位包装带有一项声明："只允许在（插入国家、地方、区域或联邦的地域名称）销售"，或含有说明最终目的地或能帮助当局确定该产品是否可在国内市场合法销售的任何其他有效标志；
- 酌情考虑开发实用的跟踪和追踪制度以进一步保护销售系统并协助调查非法贸易。

3. 每一缔约方应要求以清晰的形式和/或以本国一种或多种主要语言提供本条第 2 款中规定的包装信息或标志。

4. 就消除烟草制品非法贸易，每一缔约方应：

- 监测和收集关于烟草制品跨国界贸易，包括非法贸易的数据，并根据国家法律和适用的有关双边或多边协定在海关、税务和其他有关部门之间交换信息；
- 制定或加强立法，通过适当的处罚和补救措施，打击包括假冒和走私卷烟在内的烟草制品非法贸易；
- 采取适当措施，确保在可行的情况下采用有益于环境的方法，销毁或根据国家法律处理没收的所有生产设备、假冒和走私卷烟及其他烟草制品；
- 采取和实施措施，以监测、记录和控制在其管辖范围内持有或运送的免除国内税或关税的烟草制品的存放和销售；
- 酌情采取措施，使之能没收烟草制品非法贸易所得。

5. 根据第 21 条的规定，各缔约方应在给缔约方会议的定期报告中酌情以汇总形式提供依照本条第 4（a）和 4（d）款收集的信息。

表 1　　　　采用多级制或统一税率不同类型税收的国家

税收类型（共 155 个国家）					
从量税（51）		从价税（47）		混合税制（47）	
多重税率(21)	统一税率(30)	多重税率(6)	统一税率(41)	多重税率(6)	统一税率(41)
波斯尼亚	阿尔巴尼亚	安哥拉	玻利维亚	中国	阿根廷
巴西	阿尔及利亚	孟加拉国	布隆迪	马达加斯加	奥地利
白俄罗斯	安道尔	布基纳法索	柬埔寨	摩尔多瓦	比利时
克罗地亚	亚美尼亚	科特迪瓦	喀麦隆，智利	巴基斯坦	保加利亚
埃及斐济	澳大利亚	缅甸	哥斯达黎加	俄罗斯	塞浦路斯
加纳	阿塞拜疆	塞内加尔	刚果	乌克兰	捷克共和国
印度	巴巴多斯		厄瓜多尔		丹麦
印度尼西亚	伯利兹		萨尔瓦多		多米尼加共
哈萨克斯坦	博茨瓦纳		埃塞俄比亚		和国
肯尼亚	文莱		加蓬		爱沙尼亚
吉尔吉斯斯坦	加拿大		危地马拉		芬兰，法国
尼泊尔	哥伦比亚		几内亚		德国，希腊
新西兰	古巴		圭亚那		匈牙利
巴布亚新	格鲁吉亚		洪都拉斯		冰岛，爱尔兰
几内亚	海地		伊朗，老挝		以色列
菲律宾	牙买加		黎巴嫩		意大利
共和国	日本		利比里亚		约旦
韩国	莱索托		利比亚		拉脱维亚
斯里兰卡	马拉维		马里		立陶宛
塔吉克斯坦	毛里求斯		毛里塔尼亚		卢森堡
坦桑尼亚	纳米比亚		墨西哥		马其顿
乌兹别克斯坦	挪威		莫桑比克		马耳他
	新加坡		尼加拉瓜		黑山
	南非		尼日尔		摩洛哥
	苏里南		尼日利亚		荷兰，波兰
	斯威士兰		巴拿马		葡萄牙
	特立尼达		巴拉圭		罗马尼亚
	& 多巴哥		秘鲁，卢旺达		塞尔维亚
	乌干达		塞拉利昂		斯洛伐克
	乌拉圭		苏丹		斯洛文尼亚
	美国		多哥，土耳其		西班牙
			土库曼斯坦		瑞典，瑞士
			委内瑞拉		叙利亚
			越南，也门		泰国
			赞比亚		突尼斯
			津巴布韦		英国

1. 在有 TMA 数据的 155 个国家中有 10 个国家没有消费税。

2. 以下这些国家在法定税率基础上实施了最低额税：欧盟 27 国，以色列，俄罗斯，瑞士，土耳其，土库曼斯坦和乌克兰。

资料来源：烟草商会（TMA）2009 年数据。

表 2　　全球分级税制的不同基准

差别的/分级的卷烟消费税			国家数
所有			156
分级			32
分级基准	零售价		11
	厂商价		2
	销量		1
	产量		1
	类型 -	滤咀/非滤咀	12
	类型 -	手工/机加工	2
	类型 -	kretek/白卷烟	1
	包装	软包/硬盒	3
	卷烟长度		4
	贸易	本地/进口	1
	重量（卷烟中烟草含量）		1
	烟叶含量（本地/进口）		3

在有 TMA 数据的 155 个国家中有 10 个国家没有消费税。

一些国家根据一项以上标准区分。

8 个国家根据一项以上标准区分征税。

资料来源：作者根据 TMA（2009）数据计算。

表 3　　2008 年不同收入国家组卷烟价格、消费税和总税额占价格的百分比[§]

国家	美元价格[*]	从量消费税	从价消费税	占总税额比重[*]
低收入国家				
无消费税				
阿富汗	0.51	0.00%	0.00%	7.79%
贝宁	1.06	0.00%	0.00%	21.67%
圣多美和普林西比	1.31	0.00%	0.00%	36.55%
平均[‡]	0.96	0.00%	0.00%	22.00%
仅从量税				
冈比亚	0.36	30.00%	0.00%	62.05%
加纳	1.16	13.33%	0.00%	29.30%
肯尼亚	1.54	41.67%	0.00%	55.46%
吉尔吉斯斯坦	0.61	14.17%	0.00%	30.83%
马拉维	1.03	37.33%	0.00%	51.50%
尼泊尔	0.84	13.38%	0.00%	24.89%
巴布亚新几内亚	4.21	26.29%	0.00%	46.92%
乌干达	0.51	44.00%	0.00%	62.97%
坦桑尼亚联合共和国	1.09	18.03%	0.00%	34.69%
乌兹别克斯坦	0.50	14.87%	0.00%	31.54%
平均[‡]	1.19	25.31%	0.00%	43.02%

仅从价税

孟加拉国	0.38	0.00%	52.00%	67.00%
布基纳法索	1.06	0.00%	4.53%	19.79%
布隆迪	0.49	0.00%	46.08%	53.92%
柬埔寨	0.30	0.00%	10.67%	19.76%
中非共和国	0.64	0.00%	12.31%	28.46%
乍得	1.06	0.00%	13.35%	33.27%
科摩罗	2.83	0.00%	17.73%	19.58%
科特迪瓦	1.49	0.00%	16.35%	26.30%
厄立特里亚	1.63	0.00%	44.64%	55.36%
埃塞俄比亚	0.44	0.00%	44.48%	56.03%
几内亚	0.39	0.00%	11.05%	37.09%
几内亚比绍	2.12	0.00%	2.69%	18.42%
老挝	0.57	0.00%	32.26%	41.35%
利比里亚	0.78	0.00%	5.73%	39.84%
马达加斯加	0.75	0.00%	50.65%	67.32%
马里	1.49	0.00%	5.28%	20.53%
毛里塔尼亚	1.35	0.00%	20.00%	34.49%
莫桑比克	0.60	0.00%	33.67%	48.20%
尼日尔	1.06	0.00%	6.45%	22.95%
尼日利亚	1.89	0.00%	27.21%	31.97%
卢旺达	0.89	0.00%	35.56%	57.37%
塞内加尔	1.27	0.00%	12.54%	27.79%
塞拉利昂	0.16	0.00%	25.04%	41.73%
多哥	1.06	0.00%	15.00%	30.33%
越南	0.65	0.00%	35.81%	44.90%
也门	0.75	0.00%	47.37%	47.37%
赞比亚	1.14	0.00%	30.61%	44.41%
津巴布韦	0.40	0.00%	34.29%	42.86%
平均[‡]	0.99	0.00%	24.76%	38.51%

既从价又从量

刚果	0.94	14.67%	13.82%	30.92%
巴基斯坦	0.23	34.46%	4.24%	52.49%
平均[‡]	0.58	24.56%	9.03%	41.70%

中等偏下收入经济体

无征税				
基里巴斯	5.54	0.00%	0.00%	50.00%
马尔代夫	1.56	0.00%	0.00%	30.00%
马绍尔群岛	2.50	0.00%	0.00%	40.00%
平均‡	3.20	0.00%	0.00%	40.00%
仅从量税				
阿尔巴尼亚	1.48	30.77%	0.00%	49.95%
阿尔及利亚	0.98	53.14%	0.00%	67.67%
亚美尼亚	1.63	16.83%	0.00%	31.74%
阿塞拜疆	0.87	5.14%	0.00%	21.83%
哥伦比亚	0.80	23.80%	0.00%	34.31%
埃及	0.49	59.27%	0.00%	59.27%
格鲁吉亚	0.60	40.00%	0.00%	55.25%
印度	1.65	43.98%	0.00%	55.09%
莱索托	2.36	25.28%	0.00%	38.32%
密克罗尼西亚（联邦国）	1.75	34.29%	0.00%	39.00%
蒙古	0.39	27.98%	0.00%	37.07%
纳米比亚	2.47	28.78%	0.00%	41.83%
菲律宾	0.53	43.52%	0.00%	54.23%
萨摩亚	2.69	49.49%	0.00%	62.53%
斯里兰卡	2.83	58.63%	0.00%	71.67%
斯威士兰	3.44	12.03%	0.00%	32.03%
汤加	3.56	39.47%	0.00%	52.52%
瓦努阿图	5.68	12.50%	0.00%	61.11%
平均‡	1.90	33.60%	0.00%	48.08%

仅从价税

安哥拉	0.67	0.00%	15.80%	37.05%
玻利维亚	0.78	0.00%	29.50%	41.00%
波斯尼亚和黑塞哥维那	1.42	0.00%	41.97%	56.50%
喀麦隆	1.06	0.00%	5.60%	21.74%
佛得角	2.52	0.00%	3.25%	21.72%
刚果	0.89	0.00%	16.32%	32.21%
吉布提	0.68	0.00%	43.51%	43.51%
厄瓜多尔	2.20	0.00%	53.57%	64.29%
危地马拉	1.29	0.00%	46.00%	56.71%
圭亚那	1.75	0.00%	13.58%	27.37%
洪都拉斯	0.95	0.00%	28.00%	41.05%
伊朗（伊斯兰共和国）	1.32	0.00%	5.13%	19.16%
伊拉克	0.63	0.00%	8.53%	22.75%
缅甸	0.81	0.00%	75.00%	75.00%
尼加拉瓜	1.06	0.00%	7.75%	23.15%
巴拉圭	0.20	0.00%	9.74%	18.83%
秘鲁	1.27	0.00%	25.21%	42.95%
苏丹	0.97	0.00%	58.91%	71.95%
土库曼斯坦	2.12	0.00%	30.00%	43.04%
平均‡	1.19	0.00%	27.23%	40.00%

既从价又从量

中国	0.73	1.20%	20.45%	36.18%
多米尼加共和国	2.82	26.00%	20.00%	62.00%
萨尔瓦多	1.40	7.14%	9.19%	31.38%
印度尼西亚	1.14	5.60%	38.64%	52.64%
约旦	1.97	22.86%	31.99%	68.64%
马其顿	1.61	2.86%	21.23%	39.34%
摩洛哥	2.16	0.57%	50.05%	66.36%
摩尔多瓦共和国	0.58	2.00%	3.00%	21.67%
阿拉伯叙利亚共和国	0.62	3.00%	12.30%	30.30%
泰国	1.29	2.22%	55.02%	63.78%
突尼斯	1.30	2.35%	47.33%	64.94%
乌克兰	0.39	20.00%	8.74%	45.40%
平均‡	1.33	7.98%	26.49%	48.55%

中等偏上收入经济体

无征税

库克群岛	6.02	0.00%	0.00%	64.84%
格林纳达	2.96	0.00%	0.00%	30.38%
瑙鲁	3.05	0.00%	0.00%	62.05%
纽埃	4.63	0.00%	0.00%	66.25%
帕劳	3.50	0.00%	0.00%	57.14%
圣卢西亚	3.70	0.00%	0.00%	14.22%
平均*	3.98	0.00%	0.00%	49.15%

仅从量税

白俄罗斯	0.86	8.00%	0.00%	23.25%
伯利兹	3.50	25.71%	0.00%	34.81%
博茨瓦纳	2.33	38.97%	0.00%	48.06%
巴西	1.03	28.73%	0.00%	58.39%
克罗地亚	2.91	42.67%	0.00%	60.70%
古巴	0.30	87.14%	0.00%	87.14%
多米尼加	1.40	11.64%	0.00%	49.43%
斐济	1.30	76.94%	0.00%	76.94%
牙买加	5.05	29.63%	0.00%	45.15%
哈萨克斯坦	0.75	8.89%	0.00%	19.60%
毛里求斯	2.05	67.69%	0.00%	80.74%
圣文森特和格林纳丁斯	2.00	1.67%	0.00%	28.75%
塞舌尔	3.98	75.76%	0.00%	75.76%
南非	2.04	32.44%	0.00%	44.72%
苏里南	1.82	6.40%	0.00%	42.19%
乌拉圭	1.85	47.79%	0.00%	65.82%
平均*	2.07	36.88%	0.00%	52.59%

仅从价税

阿根廷	1.11	0.00%	60.90%	67.50%
智利	2.07	0.00%	60.40%	76.37%
哥斯达黎加	1.35	0.00%	44.22%	55.72%
加蓬	2.12	0.00%	5.91%	21.17%
黎巴嫩	1.33	0.00%	33.38%	44.01%
利比亚	0.80	0.00%	1.96%	1.96%
墨西哥	2.07	0.00%	52.17%	65.22%
巴拿马	1.96	0.00%	28.26%	43.52%
圣基茨和尼维斯	1.85	0.00%	10.45%	30.31%
土耳其	1.97	0.00%	58.00%	73.25%
委内瑞拉	3.96	0.00%	70.00%	78.26%
平均‡	1.87	0.00%	38.70%	50.66%

既从价又从量

保加利亚	1.98	29.82%	40.50%	86.98%
拉脱维亚	2.93	24.55%	32.20%	72.01%
立陶宛	1.83	35.27%	20.00%	71.23%
马来西亚	2.60	40.00%	3.56%	48.32%
黑山	0.84	3.33%	26.00%	43.86%
波兰	1.94	34.49%	41.32%	93.84%
罗马尼亚	2.22	32.71%	25.00%	73.68%
俄罗斯联邦	0.51	16.00%	5.50%	36.75%
塞尔维亚	0.95	16.10%	33.00%	64.35%
平均‡	1.76	25.81%	25.23%	65.67%

高收入经济体				
无征税				
安提瓜和巴布达	2.56	0.00%	0.00%	31.37%
巴林	1.60	0.00%	0.00%	33.33%
科威特	1.70	0.00%	0.00%	34.04%
阿曼	1.56	0.00%	0.00%	33.33%
卡塔尔	1.65	0.00%	0.00%	33.33%
沙特阿拉伯	1.60	0.00%	0.00%	33.33%
阿拉伯联合酋长国	1.77	0.00%	0.00%	30.77%
平均‡	1.78	0.00%	0.00%	32.79%
仅从量税				
澳大利亚	6.65	53.02%	0.00%	62.11%
巴巴多斯	5.50	34.18%	0.00%	48.84%
文莱	1.17	71.43%	0.00%	71.43%
加拿大	6.48	57.56%	0.00%	64.63%
日本	3.31	58.29%	0.00%	63.29%
新西兰	5.90	57.77%	0.00%	68.88%
挪威	10.14	52.68%	0.00%	72.68%
韩国	1.98	52.90%	0.00%	61.99%
新加坡	8.06	60.69%	0.00%	67.23%
特里尼达和多巴哥	2.22	23.64%	0.00%	36.69%
美国	4.58	31.55%	0.00%	36.57%
平均‡	5.09	50.34%	0.00%	59.48%
仅从价税				
巴哈马	4.29	0.00%	24.62%	24.62%
赤道几内亚	2.12	0.00%	19.39%	35.36%
平均‡	3.21	0.00%	22.00%	29.99%

既从价又从量				
奥地利	5.57	13.35%	43.00%	73.01%
比利时	5.79	7.66%	52.41%	77.43%
塞浦路斯	3.92	14.54%	44.50%	72.08%
捷克共和国	3.00	35.52%	28.00%	79.48%
丹麦	6.24	38.58%	13.61%	72.19%
爱沙尼亚	2.88	31.25%	31.00%	77.50%
芬兰	6.12	6.88%	52.00%	76.91%
法国	7.38	6.03%	57.97%	80.39%
德国	6.55	35.15%	24.66%	75.77%
希腊	4.18	3.67%	53.83%	73.47%
匈牙利	3.02	29.08%	28.30%	74.05%
冰岛	5.52	38.65%	12.68%	71.00%
爱尔兰	11.27	43.28%	18.26%	79.24%
以色列	5.00	5.00%	53.68%	72.10%
意大利	5.98	3.15%	54.74%	74.56%
卢森堡	4.45	9.62%	47.44%	70.10%
马耳他	5.29	11.58%	48.70%	75.53%
荷兰	6.12	39.65%	20.87%	76.49%
葡萄牙	4.94	36.48%	23.00%	76.83%
斯洛伐克	2.45	49.74%	24.00%	89.70%
斯洛文尼亚	3.06	15.00%	43.21%	74.88%
西班牙	4.18	3.67%	57.00%	76.64%
瑞典	5.63	14.09%	39.20%	73.29%
瑞士	6.20	30.00%	25.00%	62.06%
英国	7.64	42.77%	24.00%	79.82%
平均‡	5.30	22.58%	36.84%	75.38%

* 该国销量最大品牌的价格按照该时段最后的官方（主要或市场）汇率换算成美元。

+ 总税收比例包括指定消费税，从价税，增值税（VAT），进口关税（如果该国最流行品牌是进口的）和其他（如果适用）。

‡ 未加权计算平均值。

§ 2008 年 7 月世界银行根据收入对国家的分类。

资料来源：作者根据世界卫生组织 GTCR 2009（价格和税收），IMF（官方汇率，缅甸除外，根据中情局世界事实录的非官方汇率）计算。

图 3 2010 年 1 月欧盟卷烟消费税占卷烟零售价的百分比

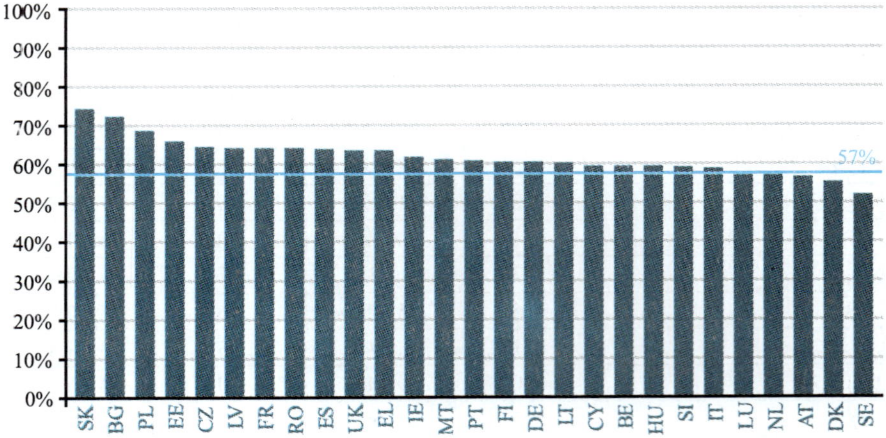

资料来源：作者根据欧盟委员会税收与关税联盟的数据计算。

图 4 2010 年 1 月欧盟 MPPC 产生的消费税（€ /1000）

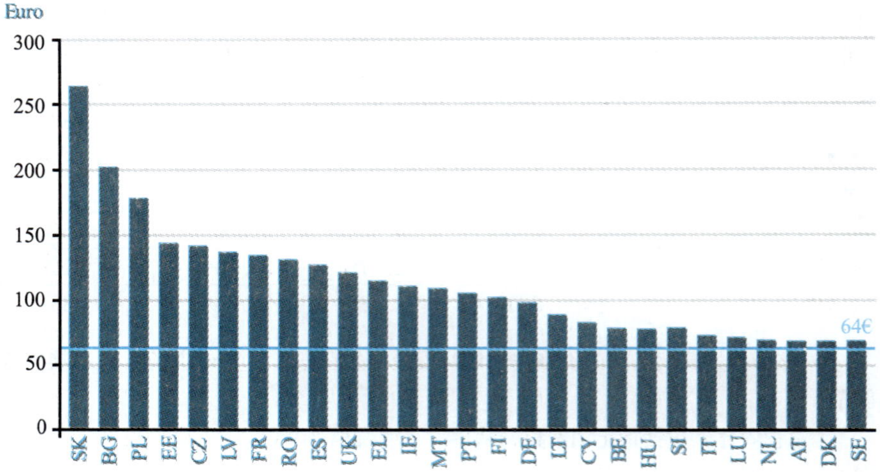

资料来源：作者根据欧盟委员会税收与关税联盟的数据计算。

图 5　2010 年 1 月欧盟应用的消费税（€ /1000）

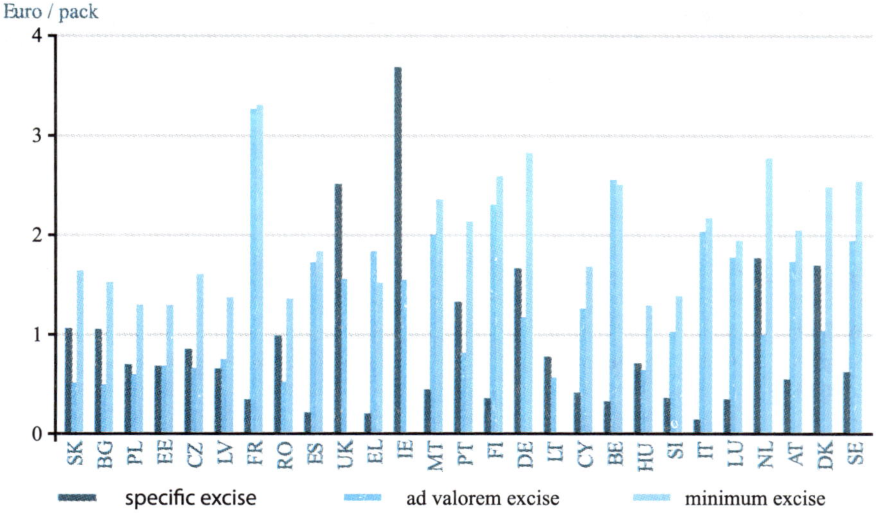

资料来源：作者根据欧盟委员会税收与关税联盟的数据计算。

欧盟国家缩写

AT	奥地利	ES	西班牙	MT	马耳他
BE	比利时	FI	芬兰	NL	荷兰
BG	保加利亚	FR	法国	PL	波兰
CY	塞浦路斯	HU	匈牙利	PT	葡萄牙
CZ	捷克共和国	IE	爱尔兰	RO	罗马尼亚
DE	德国	IT	意大利	SE	瑞典
DK	丹麦	LT	立陶宛	SI	斯洛文尼亚
EE	爱沙尼亚	LU	卢森堡	SK	斯洛伐克
EL	希腊	LV	拉脱维亚	UK	英国

表 4　　卷烟价格弹性估计——总结

国家—省份/作者	日期/年份	结果
阿根廷 Rozada（2006）	1996 年 1 月到 2004 年 6 月月度数据	$\eta_p = -0.265$
玻利维亚 Alcaraz（2006）	1988－2002 年度数据	$\eta_p = -0.85$
巴西 Iglesias（2006）	1991－2003 年季度数据	$\eta_p = -0.25$ 至 -0.279
保加利亚 Sayginsoy，Yurekli，de Beyer（2002）	生活标准测量研究 1995 年家庭调查	$\eta_p = -0.8$
智利 Debrott（2006）	1993－2003 年季度数据	$\eta_p = -0.21$ 至 -0.45
中国 Mao ZZ，Jiang，JL（1997） 四川省	1981－1993 年综合时间序列	$\eta_p = -0.47$ 至 -0.8
中国 Mao ZZ，Jiang，JL（1997） 四川省	1995 年横截面数据	$\eta_p = -0.69$
中国 Hu TW，Mao Z（2002）	1980－1997 年综合时间序列	$\eta_p = -0.54$ 至 -0.64
中国 Lance，Akin，Loh and Dow（2004）	微观层面数据，调查，1993 年和 1997 年调查对象组（9 省）	$\eta_p = -0.007$ 至 -0.08
中国 Mao Z，Hu TW，Yang GH（2005）	2002 年横截面数据	$\eta_p = -0.154$
中国 Mao Z，Hu TW，Yang GH（2005）	1980－2002 年综合时间序列	$\eta_p = -0.18$ 至 -0.61
中国 Bai Y，Zhang Z（2005） Provincial and special municipalities	1997－2002 年横截面数据/时间序列	$\eta_p = -0.84$

中国 Mao Z, Yang GH, Ma H.（2003）	1998 年横截面数据（16 县）	$\eta_p = -0.51$
中国 Bishop, J. A.; Liu, H. Y.; Meng, Q.（2007）	1995 年中国家庭收入项目	$\eta_p = -0.47$ 至 -0.51
埃及 Nassar（2001）	1994/1995 家庭预算横截面数据及 1995/1996 年调查	$\eta_p = -0.27$ 至 -0.82
爱沙尼亚 Taal et al（2004）	1992 到 1999 年家庭收入与开支研究月度数据和 1996 到 1999 年爱沙尼亚统计局月度数据	$\eta_p = -0.32$
欧洲（地区） Gallus, S.; Schiaffino, A.; La Vecchia, C.; Townsend, J.; Fernandez, E.（2006）	2000 年烟草控制国家图表数据	$\eta_p = -0.4$ 至 -1.00
印度 Bhall et al（2005） Not published	-1983 和 1999 国家采样调查组织的采样调查 -1998 到 1999 年国家家庭卫生调查	卷烟：$\eta_p = -0.79$ 至 -0.85 Bidis：$\eta_p = -0.58$ 至 -0.83
印度 John, R. M.（2008）	1999 到 2000 国家采样调查	Bidis：$\eta_p = -0.86$ 至 -0.92 卷烟：$\eta_p = -0.18$ 至 -0.41
印度尼西亚 Adioetomo, Djutaharta, Hendratno（2001）	1999 年国家社会经济调查数据	$\eta_p = -0.61$
印度尼西亚 Djutaharta, Surya, Pasay, Hendratno, Adioetomo（2002）	1. 年度数据：1970 到 2001 年 2. 月度数据：1996 年 1 月到 2001 年 6 月	$\eta_p = -0.32$ 至 -0.57
印度尼西亚 Adoietomo et al.（2005）	1999 年由中央统计局采集的国家社会经济调查数据（Susenas）	$\eta_p = -0.61$

马来西亚 Ross, H.; Al - Sadat, N. A. M. (2007)	1990 到 2004 年	η_p = -0.077 至 -0.76
马尔代夫 InfoGlobal consultants (2002)	1997 年 12 月到 2000 年 10 月月度数据	η_p = -1
缅甸 Kyaing (2003)	家庭水平数据 (2000 年)	η_p = -1.619
摩洛哥 Aloui (2003)	1965 到 2000 年综合年度数据	η_p = -0.51 至 -1.54
尼泊尔 Karki (2003)	家庭水平数据 (2003 年)	η_p = -0.886
俄罗斯 Ogloblin et al. (2003)	1996 年和 1998 年全国普查家庭数据	Price elasticity of the decision to smoke = -0.085 至 -0.628
俄罗斯 Lance, Akin, Loh and Dow (2002)	1992 到 2000 年纵向家庭调查	η_p = -0.02 至 -0.176
南非 Berg and Kaempfer (2001)	1997 年家庭调查 (6500 个黑人家庭和 1350 个白人家庭)	η_p = -0.8 至 -1.79
南非 Van Walbeek (2002)	1990 年和 1995 年收入与开支家庭调查	η_p = -0.81 至 -1.39
斯里兰卡 Arunatilake (2001)	1999 到 2000 年月度时间序列数据	η_p = -0.227 至 -0.908
斯里兰卡 Arunatilake (2002)	1999/2000 年家庭水平数据	η_p = -0.45
泰国 Supakorn (1993)	无	η_p = -0.67
泰国 Sartinsart (1993)	1988 年线性开支系统和家庭水平数据	η_p = -0.09

泰国 Sartinsart et al.（2003）	2000 年家庭社会经济调查 消费者价格指数来自商业经济部，贸易部	$\eta_p = -0.393$
土耳其 Onder（2001）	1994 年家庭水平收入调查数据	$\eta_p = -0.41$
乌克兰 Krasovsky，Andreeva，Krisanov，Mashliakivskyand Rud（2001）	2001 年 6 月全国调查	$\eta_p = -0.4$
乌克兰 Maksym Mashlyakivskyy（2004）	1997 到 2003 年月度数据	$\eta_p = -0.3$ 至 -0.48
乌拉圭 Ramos（2006）	1991 到 2003 年季度数据	$\eta_p = -0.34$ 至 -0.55

表 5　按地域划分指定烟草税用途的国家

地区/国家	国家/州数量	税收与开支项目之间的联系	开支项目的类型
非洲	3	弱	广义：青少年，体育和健身（马达加斯加），布拉柴维尔医科大学（刚果），卫生（科摩罗）
中、南美洲	9	弱	广义：卫生（萨尔瓦多，危地马拉，牙买加），教育，社会与老年保障（哥斯达黎加），体育（哥伦比亚），债务取消和防癌委员会（乌拉圭），农业，包括烟草生产补贴（阿根廷），紧急救援（巴拉圭） 狭义：肿瘤学研究所（巴拿马）
欧洲	10	弱	广义开支例如：卫生，社会保障，文化 狭义开支例如：预防吸烟，烟草相关疾病的治疗（芬兰，冰岛，波兰，塞尔维亚和瑞士）
北美，美国（联邦和各州）	36	弱	联邦：广义（儿童健康保险政策）州：所有州广义。财政收入通常按照预定的百分比分配用于开支项目。开支举例：卫生，教育，体育和娱乐活动
北非与中东	7	弱	广义：青年高级理事会（约旦），团结国家基金（突尼斯） 狭义：烟草控制与烟草疾病治疗（也门），烟草控制（吉布提，伊朗和卡塔尔），学生医疗保险（埃及）
东南亚	3	弱	广义：卫生（印度，尼泊尔，泰国），社会保障（印度）
西太平洋	6	弱	广义：卫生（韩国，蒙古，菲律宾），教育（马绍尔群岛），铁路和森林特殊的服务账户（日本） 狭义：烟草控制（图瓦卢）

本表格并非穷举，依据政府网站公布的信息。1. “弱”：部分烟草财政收入指定用途，或者由指定用途收入支持的开支也从其他融资来源获得支持（例如普通基金）。“紧”：所有财政收入指定用途，开支项目仅从指定用途财政收入融资。2. “广义”:开支项目定义宽泛（例如卫生，教育）。“狭义”：开支项目狭义定义或者特定（比如防止吸烟）。

资料来源：世界卫生组织通过 GTCR 问卷和个人交流收集的数据。

缩写

AFR（World Health Organization African Region）
世界卫生组织非洲区

AMR（World Health Organization Region of the Americas）
世界卫生组织美洲区

BI（Bloomberg Global Initiative to Reduce Tobacco Use）
彭博全球减少烟草使用倡议行动

CIF（Cost，Insurance and Freight）
到岸价（成本、运费加保险费价）

CIS（Commonwealth of Independence States）
独立国家联合体（独联体）

CPI（Consumer Price Index）
消费者物价指数

EC（European Commission）
欧盟委员会

EMR（World Health Organization Eastern Mediterranean Region）
世界卫生组织东地中海办事处

EUR（World Health Organization European Region）

世界卫生组织欧洲区

EU (European Union)

欧洲联盟

FCA (Framework Convention Alliance)

(烟草控制) 框架公约联盟

GCC (Gulf Cooperation Council)

海湾合作委员会

GDP (Gross Domestic Product)

国内生产总值

GST (General Sales Tax)

一般销售税

HRT (Hand rolling tobacco)

手卷烟

IARC (International Agency for Research on Cancer)

国际癌症研究总署

JTI (Japan Tobacco International)

日本烟草国际公司

MoF (Ministry of Finance)

财政部

MoH (Ministry of Health)

卫生部

MPPC (Most popular price category)

最畅销价格类别

NCI (United States National Cancer Institute)

美国国家癌症研究所

RYO (Roll - your - own tobacco)

自制手卷烟

SEAR (World Health Organization South - East Asia Region)

世界卫生组织东南亚区

TMA (Tobacco Merchants Association)

烟商协会

USDHHS (United States Department of Health and Human Services)

美国卫生和公众服务部

VAT (Value Added Tax)

增值税

WAP (Weighted Average Price)

加权平均价格

WCO (World Customs Organization)

世界海关组织

WHO FCTC (World Health Organization Framework Convention on Tobacco Control)

世界卫生组织烟草控制框架公约

WHO GTCR (World Health Organization Report on the Global Tobacco Epidemic)

世界卫生组织全球烟草流行报告

WPR (World Health Organization Western Pacific Region)

世界卫生组织西太平洋区

WTO (World Trade Organization)

世界贸易组织

参考文献

Adioetomo SM, Djutaharta T, Hendratno (2005). Cigarette consumption, taxation and household income: Indonesia case study. *Health, Nutrition Population Discussion Paper, Economics of Tobacco Control No.26*. World Bank and World Health Organization (WHO).

Alchin TM (1995). A note on tobacco product prices in the Australian CPI. *Applied Economic Letters*, 2:473–7.

Aloui O (2003). Analysis of the economics of tobacco in Morocco. *Health, Nutrition Population Discussion Paper, Economics of Tobacco Control No.7*. World Bank and WHO.

Asaria P et al. (2007). Chronic disease prevention: Health effects and financial costs of strategies to reduce salt intake and control tobacco use. *The Lancet*, 370:2044-2053.

Baille JC (1998). *L'Union Européenne et la tabac. Thése de Docteur en Médecine*. Faculté de médecine de Marseille, Université de la Méditerranée Aix-Marseille II.

Baltagi BH, Levin D (1986). Estimating dynamic demand for cigarettes using panel data: The effects of bootlegging, taxation and advertising reconsidered. *The Review of Economics and Statistics,* 68(1):148-55.

Baltagi BH, Levin D (1992). Cigarette taxation: Raising revenues and reducing consumption. *Structural Change and Economic Dynamics,* 3(2):321-335.

Barkat AA et al. (*forthcoming*). *The Economics of Tobacco and tobacco Taxation in Bangladesh.*

Barzel Y (1976). An alternative approach to the analysis of taxation, *Journal of Political Economy,* 84:1177-1197.

BI Tobacco Tax Papers 2008 to 2010. International Union Against Tuberculosis and Lung Disease, 2010. http://www.tobaccofreeunion.org/content/en/217/.

Bird RM (1997). Analysis of earmarked taxes. *Tax Notes International.*

Blecher EH, van Wallbeek CP (2009), Cigarette affordability and trends: An update and some methodological comments. *Tobacco Control,* 18:167-175.

Blecher EH, van Walbeek CP (2004). An international analysis of cigarette price affordability. *Tobacco Control,* **13:**339-346.

Bobak M et al. (2000), Poverty and smoking. In: Jha P, Chaloupka F, eds. *Tobacco Control in Developing Countries.* Oxford, Oxford University Press.

Bohanon, CE, van Cott TN (1991). Product quality and taxation: A reconciliation. *Public Finance Quarterly* 19:233-7.

Bohanon, CE, van Cott TN (1984). Specific taxes, product quality and rate-revenue analysis. *Public Finance Quarterly,* 12:500-11.

Brett C, Keen MJ (2000). Political uncertainty and the earmarking of environmental taxes. *Journal of Public Economics,* 75:315-340.

British American Tobacco (2009). British American Tobacco's views on duty free in the FCTC Protocol. http://www.bat.com/group/sites/uk__3mnfen.nsf/vwPagesWebLive/DO6ZYC4S/$FILE/medMD7 RDLVF.pdf?openelement.

Buchanan J (1963). The economics of earmarked taxes. *The Journal of Political Economy*, 71(5):457-469.

Canadian Cancer Society (2010). *Duty-free tobacco sales and duty-free import allowances for travellers: International overview and recommendations.*

Center for the Study of Democracy (2007). *Corruption, trafficking and institutional reform: Prevention of trans-border crime in Bulgaria (2001 – 2002).* http://www.csd.bg/artShow.php?id=340.

Center for Tax Policy and Administration (2008). *Forum on tax administration: Compliance sub-group. Final report. Monitoring taxpayers' compliance: A practical guide based on Revenue body experience.* www.oecd.gov.

Chaloupka FJ (*forthcoming*). *The effects of pricing and tax policies on youth tobacco use. Prepared for the Global Consultation on Effective Youth Tobacco Control Policy Interventions.* World Health Organization, Tobacco-Free Initiative.

Chaloupka FJ et al. (2009). Cigarette excise taxation: The impact of tax structure on prices, revenues, and cigarette smoking. Working paper, University of Illinois at Chicago.

Chaloupka FJ et al. (2000), Taxation of tobacco products. In: Jha P, Chaloupka F, eds. *tobacco control in developing countries.* Oxford, Oxford University Press.

Chaloupka F J, Warner KE (2000). The economics of smoking. In: Culyer AJ, Newhouse, JP, eds. *Handbook of Health Economics*, Vol 1. Amsterdam, Elsevier, 1539-1627.

Collin J et al. (2004). Complicity in contraband: British American Tobacco and cigarette smuggling in Asia. *Tobacco Control*, 13 (Suppl II):ii104–ii111.

Cremer H, Thisse JF (1994). Commodity taxation in a differentiated oligopoly. *International Economic Review,* 35, 613-633.

Delipalla S (2009a). Commodity tax structure and informal activity, *Bulletin of Economic Research,* 61(3):283-294.

Delipalla S (2009b). Tobacco tax structure and smuggling. *FinanzArchiv: Public Finance Analysis,* 65(1):93-104.

Delipalla S, Keen MJ (2006). Product quality and the optimal structure of commodity taxes. *Journal of Public Economic Theory,* 8(4):547-554.

Delipalla S, O'Donnell O (2001). Estimating tax incidence, market power and market conduct: The European cigarette industry. International *Journal of Industrial Organisation*, 19:885-908.

Delipalla S, Keen MJ (1992). The comparison between a*d valorem* and specific taxation under imperfect competition. *Journal of Public Economics,* 49:351-367.

Dhillon A, Perroni C (2001). Tax earmarking and grass-roots accountability. *Economics Letter,* 72:99-106.

ERC Group (2008). *World cigarettes country profiles and global market database.*

Euromonitor International (2009 and 2008). Country and company reports.

Euromonitor International (2007). *Tobacco India – Country Market Insight.*

European Commission (2009). Exemption from value added tax and excise duty of goods imported by persons travelling from third countries. Council Directive 2007/74/EC of 20 December 2007.

Fausti SW (1999). Production uncertainty, enforcement, and smuggling: a stochastic model. *Journal of International Trade and Economic Development,* 8(3):279–308.

Federal Board of Revenue (FBR) Pakistan and World Health Organization (WHO) (2009). *Excise duty assessment on cigarettes in Pakistan – An analysis (unpublished)*.

Flewelling RL et al. (1992). First-year impact of the 1989 California cigarette tax increase on cigarette consumption. *American Journal of Public Health,* 82(6):867-9.

Framework Convention Alliance (2009). Internet sales, duty free sales and free trade zones. *INB-3 Policy Briefing.* http://www.fctc.org/dmdocuments/INB3_policy_briefing_internet_duty_free.pdf.

Hong Kong Special Administrative Region Government (2010). Incoming passengers to lose duty-free concessions on tobacco products. http://www.info.gov.hk/gia/general/201002/24/P201002240302.htm.

Galbally RL (1997). Health-promoting environments: Who will miss out? *Australia and New Zealand Journal of Public Health,* 21(4):429–30.

Galbraith J, Kaiserman M (1997). Taxation, smuggling and demand for cigarettes in Canada: Evidence from time-series data. *Journal of Health Economics,* 16(3):287-301.

Goodchild M (*forthcoming*). The impact of GST and excise taxes on bidis in India.

Gruber J, Koszegi B (2008). *A modern economic view of tobacco taxation,* Paris: The Union against tuberculosis and lung diseases.

Guindon GE et al. (2010). *Tobacco taxation in Viet Nam.* Paris: International Union Against Tuberculosis and Lung Disease.

Harris JE (1987). The 1983 increase in the federal cigarette excise tax. In: Summers LH ed. *Tax Policy and the Economy,* vol. 1. Cambridge (MA): MIT Press.

Hu T-W, Mao Z (2002). Economic analysis of tobacco and options for tobacco control: China case study. *Health, nutrition population discussion paper, Economics of tobacco control no.3.* World Bank and World Health Organization (WHO).

Hu T-W et al. (2008). *Tobacco taxation and its potential impact in China*. Paris: International Union Against Tuberculosis and Lung Disease.

Iglesias R et al. (2007). *Tobacco Control in Brazil*. World Bank.

International Agency for Research on Cancer (IARC) (*forthcoming*). IARC monograph on the effectiveness of tax and price policies for tobacco control.

International Monetary Fund (2009). *World economic outlook, April 2009*. http://www.imf.org/external/index.htm.

Jacobs R et al. (2000). The supply-side effects of tobacco control policies. In: Jha P, Chaloupka F, eds. *Tobacco control in developing countries*. Oxford, Oxford University Press.

Jha P, Chaloupka FJ eds. (2000). *Tobacco control in developing countries*. Oxford University Publication for the World Bank and the World Health Organization.

Jha P et al. (2006a). Tobacco addiction. In: Jamison D et al. eds. *Disease control priorities in developing countries,* 2nd edition). Disease Control Priorities Project.

Jha P et al. (2006b). Social inequalities in male mortality, and in male mortality from smoking: indirect estimation from national death rates in England and Wales, Poland, and North America. *Lancet*, 368:367–370.

John RM et al. (2010). *The Economics of Tobacco and Tobacco Taxation in India*. Paris: International Union Against Tuberculosis and Lung Disease.

John RM (2008). Price elasticity estimates for tobacco in India. *Health Policy and Planning*, 23(3): 200-9.

Johnson P (2009). *Cost benefit analysis of the FCTC protocol on illicit trade in tobacco products*. Action on Smoking and Health (ASH).

Joossens L et al. (2009). *How eliminating the global illicit cigarette trade would increase tax revenue and save lives*, Paris: The Union against tuberculosis and lung disease.

Joossens L, Raw M (2008). Progress in combating cigarette smuggling: controlling the supply chain. *Tobacco Control* 17:399-404.

Kay JA, Keen MJ (1991). Product quality under specific and ad valorem taxation. *Public Finance Quarterly*, 19:238-47.

Kay JA, Keen MJ (1987). Commodity taxation for maximum revenue. *Public Finance Quarterly*, 15:371-85.

Kay JA, Keen MJ (1983). How should commodities be taxed? *European Economic Review*, 23:339-358.

Kay JA, Keen MJ (1982). *The structure of tobacco taxes in the European Community*. IFS Report Series No.1, Institute for Fiscal Studies.

Keeler TE et al. (1996). Do cigarette producers price-discriminate by state? An empirical analysis of local cigarette pricing and taxation. *Journal of Health Economics*, 15:499-512.

Keen MJ (1998). The balance between specific and a*d valorem* taxation. *Fiscal Studies*, 19(1):1-37.

Kyaing N (2003). Tobacco economics in Myanmar. *Health, nutrition population discussion paper, economics of tobacco control no.14*. World Bank and WHO.

Laxminarayan R, Deolalikar A (2004). Tobacco initiation, cessation, and change: evidence from Vietnam. *Health Economics*, 13(12):1191-1201.

Lei Z et al. (*forthcoming*). *Chapter on employment*. NCI/WHO monograph on the economics of tobacco and tobacco control.

Marsiliani L, Renstrom TI (2000). Time inconsistency in environmental policy: Tax earmarking as a commit-ment solution, *The Economic Journal,* 110(462):123-138.

McCarten WJ, Stotsky J (1995). Excise taxes. In: Shome P ed. *Tax policy handbook*. International Monetary Fund (IMF), 100–03.

Mediafax (2010). Romania to ban sale of alcoholic drinks, tobacco in duty-free shops within 45 days. http://www.mediafax.ro/english/romania-to-ban-sale-of-alcoholic-drinks-tobacco-in-duty-free-shops-within-45-days-5526602/.

Merriman, D, Yürekli A, Chaloupka F (2000). How big is the worldwide cigarette smuggling problem? In: Jha P, Chaloupka F, eds. *Tobacco control in developing countries*. Oxford, Oxford University Press.

Ministry of Finance (MoF) Brazil (2009). Personal communication.

Ministry of Finance (MoF) Egypt and World Health Organization (WHO) (2009). Excise taxes on cigarettes in Egypt – A way forward (*unpublished*).

Ministry of Finance (MoF) India (2009). Personal communication.

Ministry of Finance (MoF) Turkey (2009). Personal communication.

Musgrave RA, Musgrave PB (1989). *Public Finance in Theory and Practice*, 5th edition. New York: McGraw-Hill.

Myles G (1994). Imperfect competition and the optimal combination of ad valorem and specific taxation. *International Tax and Public Finance*, 3:29-44.

National Cancer Institute/World Health Organization (*forthcoming*). The Economics of Tobacco and Tobacco Control. Tobacco Control Monograph 21.

Nargis N et al. (*forthcoming*). *Chapter on poverty,* NCI/WHO monograph on the economics of tobacco and tobacco control.

Norton DA (1988). On the economic theory of smuggling, *Economica,* 55:107–118.

Önder Z (2002). Economics of tobacco control in Turkey. *HNP discussion paper, Economics of tobacco control paper, No.2.* Washington D. C.: The International Bank for Reconstruction and Development, The World Bank.

Organized Crime and Corruption Reporting Project (2008). Duty free highway. http://reportingproject.net/new/index.php?option=com_content&task=view&id=56&Itemid=47.

Pirtillä J (1998). Earmarking of environmental taxes: Efficient, after all. Bank of Finland, Discussion Papers, April.

Prakongsai P, Patcharanarumol W, Tangcharoensathien V (2008). Can earmarking mobilize and sustain resources to the health sector? *Bulletin of the World Health Organization*, 86:11.

Ramos A (2009) Illegal trade in tobacco in MERCOSUR countries, *Center for Research into the Tobacco Epidemic (CIET Uruguay)*, Working paper.

Ramsey FP (1927).A contribution to the theory of taxation, *Economic Journal*, 37(145): 47–61.

Ross H, Chaloupka FJ. (2006). Economics policies for tobacco control in developing countries. *Salud Publica de Mexico*, 48(1):113-20.

Ross HZ, Shariff S and Gilmore A (2009). *Economics of tobacco taxation in Ukraine*. Paris: International Union Against Tuberculosis and Lung Disease.

Ross HZ, Shariff S and Gilmore A (2008). Economics of tobacco taxation in Russia. Paris: International Union Against Tuberculosis and Lung Disease.

Saxenian H, McGreevey B (1996). *China: Issues and options in health financing*. Report 15278-CHA. World Bank.

Sayginsoy O, Yurekli A, de Beyer J (2002). Cigarette demand, taxation, and the poor: A case study of Bulgaria. Health, Nutrition and Population paper, World Bank and World Health Organization (WHO).

Skeath SE, Trandel GA (1994). A Pareto comparison of ad valorem and unit taxes in noncompetitive environments. *Journal of Public Economics,* 53:53-71.

Sobel RS, Garrett TA (1997). Taxation and product quality: New evidence from generic cigarettes. *Journal of Political Economy,* 105(4):880-87.

Sofia News Agency (2010). Bulgaria limits non-EU duty-free tobacco allowances. January 22. http://www.novinite.com/view_news.php?id=112255.

Suits DB, Musgrave RA (1953). Ad valorem and unit taxes compared. *Quarterly Journal of Economics,* 67(4):598-604.

Sunley EM (2009). *Taxation of cigarettes in the Bloomberg Initiative countries: Overview of policy issues and proposals for reform.* Paris: International Union Against Tuberculosis and Lung Disease.

Sunley EM (2008). *India: the tax treatment of Bidis.* A report submitted to Bloomberg Initiative to Reduce Tobacco Use.

Sunley E, Yurekli A, Chaloupka FJ (2000). The design, administration and potential revenue of tobacco taxes. In: Jha P, Chaloupka F, eds. *Tobacco control in developing countries.* Oxford, Oxford University Press.

Thursby MR, Jensen R and Thursby J (1991). Smuggling, camouflaging, and market structure. *The Quarterly Journal of Economics,* 106(3):789-814.

Thursby J, Thursby MR (2000). Interstate cigarette bootlegging: Extent, revenue losses, and effects of federal intervention. *National Tax Journal,* 53(1):59-78.

Tobacco Manufacturing Association (TMA) (2009), *International tobacco tax and business guide.*

Townsend J, Roderick P, Cooper J (1994). Cigarette smoking by socio-economic group, sex and age: effects of price, income and health publicity, *British Medical Journal*, 309:923-927.

Van Walbeek C (2002). The distri-butional impact of tobacco excise increases. *South African Journal of Economics*, 70(3):560-578.

United States Department of Health and Human Services (USDHHS) (2006). The health consequences of involuntary exposure to tobacco smoke. *A Report of the Surgeon General*, US Public Health Service.

Warner K (2000). The economics of tobacco: myths and realities. *Tobacco Control* 9:78-89.

Warner KE et al. (1995). Criteria for determining an optimal cigarette tax. *Tobacco Control*, 4:380–6.

West R (2008). *Smoking and smoking cessation in England: findings from the Smoking Toolkit Study.*

Wilkinson M (1994). Paying for public spending: Is there a role for earmarked taxes? *Fiscal Studies*, 15(4), 119-135.

World Customs Organization (2007). *Customs and tobacco report.*

World Health Organization (2010). *World health report 2010: the path to universal coverage.*

World Health Organization (2009a). *Expert review on a possible ban on duty-free sales of tobacco products.* Document FCTC/COP/INB-IT/3/INF.DOC./3. http://apps.who.int/gb/fctc/PDF/it3/FCTC_COP_INB_IT3_ID3-en.pdf.

World Health Organization WHO GTCR (2009). *WHO Report on the Global Tobacco Epidemic 2009: Implementing smoke-free environments.* http://whqlibdoc. who.int/publications/2009/9789241563918_eng_full.pdf.

World Health Organization (2009b). *WHO Tobacco Control Assessment Document for Poland* (unpublished).

World Health Organization (2009c). *Database on tobacco earmarking practices globally* (unpublished).

World Health Organization (2004). Tax-based financing for health systems: options and experiences. Department of health systems financing, expenditure and resource allocation WHO/EIP.

World Health Organization (2003). *WHO Framework Convention on Tobacco Control*. http://www.who.int/fctc/text_download/en/index.html.

World Health Organization (2002). The European report on tobacco control policy, Paper presented at the WHO European Ministerial Conference for a Tobacco-free Europe, Warsaw. Document EUR/01/5020906/8, WHO Regional Office for Europe, Copenhagen.

World Health Organization (2002). *Reducing Risks, Promoting Healthy Life.* World Health Organization.

Yurekli A et al. (2010). *The Economics of Tobacco and Tobacco Taxation In Turkey.* Paris: International Union Against Tuberculosis and Lung Disease.

Yurekli, A, Sayginsoy O (2010). Worldwide organized cigarette smuggling: An empirical analysis. *Applied Economics*, 42(5): 545-561.

Yurekli A, Zhang P (2000). The impact of clean indoor laws and cigarette smuggling on demand for cigarettes: an empirical model. *Health Economics*, 9, 159-170.

译后记

受世界卫生组织（WHO）的委托，我们将世界卫生组织编写的《烟草税管理技术手册》译成中文，希望对中国的相关政策制定者、烟草税研究人员及对烟草税有兴趣的读者有所帮助。全书由对外经济贸易大学郑榕教授和中央财经大学高松博士翻译，郑榕负责第 1 - 3 章，高松负责第 4 - 5 章。加州大学伯克利分校的胡德伟教授对译文进行了校对，郑榕对全书进行了最后的统稿。

尽管我们力求准确、通达地反映原文，但译文中仍难免有不当之处，敬请读者批评指正。

译校者

2011 年 10 月 6 日

图书在版编目（CIP）数据

世界卫生组织烟草税管理技术手册／世界卫生组织著；郑榕，高松译．—北京：中国财政经济出版社，2012.3

书名原文：WHO Technical Manual on Tobacco Tax Administration

ISBN 978－7－5095－3338－3

Ⅰ.①世…　Ⅱ.①世…②郑…③高…　Ⅲ.①世界卫生组织－烟草工业－税收管理－技术手册　Ⅳ.①F811.4－62

中国版本图书馆 CIP 数据核字（2011）第 282326 号

责任编辑：王　飏　　　　责任校对：张　凡

中国财政经济出版社出版

URL：http：//www.cfeph.cn

E－mail：cfeph@cfeph.cn

社址：北京市海淀区阜成路甲 28 号　邮政编码：100142

营销中心电话：88190406　北京财经书店电话：64033436　84041336

北京富生印刷厂印刷　各地新华书店经销

787×960 毫米　16 开　9.25 印张　160 000 字

2012 年 3 月第 1 版　2012 年 3 月北京第 1 次印刷

印数：1－3 060　定价：30.00 元

ISBN 978－7－5095－3338－3/F·2828

图字：01－2012－0454

（图书出现印装问题，本社负责调换）

本社质量投诉电话：010－88190744